SEJA EGOÍSTA COM SUA CARREIRA

CARO(A) LEITOR(A),

Queremos saber sua opinião sobre nossos livros.
Após a leitura, curta-nos no facebook.com/editoragente,
siga-nos no Twitter @EditoraGente,
no Instagram @editoragente
e visite-nos no site www.editoragente.com.br.
Cadastre-se e contribua com sugestões, críticas ou elogios.

LUCIANO SANTOS

SEJA EGOÍSTA COM SUA CARREIRA

Gente
AUTORIDADE

Diretora
Rosely Boschini

Gerente Editorial Pleno
Franciane Batagin Ribeiro

Assistente Editorial
Alanne Maria

Produção Gráfica
Fábio Esteves

Preparação
Carolina Forin

Capa
Mariana Ferreira

Projeto Gráfico
Thiago Barros

Diagramação
Linea Editora

Revisão
Wélida Muniz
Andréa Bruno

Impressão
Bartira

Copyright © 2021 by Luciano Santos
Todos os direitos desta edição
são reservados à Editora Gente.
Rua Deputado Lacerda Franco, 300 –
Pinheiros, São Paulo, SP – CEP 05418-000
Telefone: (11) 3670-2500
Site: www.editoragente.com.br
E-mail: gente@editoragente.com.br

Dados Internacionais de Catalogação na Publicação (CIP)
Angélica Ilacqua CRB-8/7057

Santos, Luciano
  Seja egoísta com sua carreira: descubra como colocar você em primeiro lugar em sua jornada profissional e alcance seus objetivos pessoais / Luciano Santos. - São Paulo: Gente Autoridade, 2021.
  208 p.

  ISBN 978-65-88523-34-6

  1. Orientação profissional 2. Interesse profissional I. Título

21-3952   CDD 371.425

Índice para catálogo sistemático:
1. Orientação profissional

NOTA DA PUBLISHER

Quantas pessoas querem ter uma carreira de sucesso e ser feliz no ambiente corporativo? E quantas delas se preparam e têm as ferramentas certas para isso? Com um texto consistente e muito honesto, Luciano mostra ao leitor como se tornar protagonista das próprias escolhas e tomar as rédeas da vida profissional, mostrando que, sim, existem estratégias para sair de um trabalho infeliz rumo a uma carreira promissora.

Dono de uma sensibilidade ímpar, Luciano Santos compartilha uma obra poderosíssima na qual mostra que entende a dor do outro. Com uma trajetória sólida e bem-sucedida no Google Brasil, decidiu dar um passo em direção à própria carreira para viver novos desafios e buscar satisfação profissional em uma nova jornada, dessa vez no Facebook, mostrando que, independentemente da posição que estejamos, seguimos com sonhos e vontades.

É com toda essa experiência e autoridade que esse autor querido traz para você *Seja egoísta com sua carreira*, um livro cheio de insights, pesquisas e dicas que mostra como podemos trilhar o caminho para gerenciar a nossa carreira, o negócio da nossa vida. Aqui, sem dúvidas, você não deixará de refletir sobre qual é o propósito de sua jornada, qual é o próximo passo que deseja dar e, sobretudo, o que fazer para assumir o controle da própria carreira, entendendo que isso refletirá para sempre em sua vida e na vida de todos a seu redor.

É uma grande honra publicar o primeiro livro de Luciano Santos, um profissional brilhante, humano, dedicado e gente como a Gente. Tenho certeza de que, assim como eu, você terminará esta leitura pronto para arregaçar as mangas e construir os caminhos para *sua* jornada profissional: feliz, flexível e, por isso mesmo, egoísta. Boa leitura!

Rosely Boschini
CEO e Publisher da Editora Gente

DEDICATÓRIA

Para Olívia, a criança mais feliz
que já habitou esta terra.

11
PREFÁCIO

15
AVISOS

18
INTRODUÇÃO

37
CAPÍTULO 1: UM TRABALHO FELIZ

53
CAPÍTULO 2: PLANEJAR A CARREIRA OU NÃO?

65
CAPÍTULO 3: APRENDA COM QUEM CHEGOU ANTES

83
CAPÍTULO 4: SEJA EGOÍSTA COM SUA CARREIRA

101
CAPÍTULO 5: OS TRÊS PILARES DA EMPREGABILIDADE

121
CAPÍTULO 6: SEJA UMA PESSOA PLURAL

133
CAPÍTULO 7: GERENCIE O SEU GESTOR

145
CAPÍTULO 8: DECLARE SUA INTENÇÃO

159
CAPÍTULO 9: TENHA UM MENTOR

173
CAPÍTULO 10: DEZ HÁBITOS QUE TRAVAM SUA CARREIRA

201
CAPÍTULO 11: CORAGEM

PREFÁCIO

Era uma noite qualquer de 1995 e lá estava eu, cansada, comendo um lanche na rua em frente à escola enquanto esperava tocar o sinal para as duas últimas aulas. O pensamento voava por aí, ou talvez eu nem estivesse mais pensando: o cansaço era grande.

Fui arrancada desse limbo por alguém que chegou pelas costas e bateu no meu ombro. "Hey, Ana!", e eu quase caí para trás. Era o Luciano e sua mania chata de assustar os amigos (eu sempre caía em suas brincadeiras e caio até hoje).

Perguntei o que ele estava fazendo ali e descobri que ele também estava no intervalo, mas do trabalho. Naquela época, o Luciano era operador de máquina de uma empresa ali perto.

Ambos éramos adolescentes de origem humilde, lutando por alguma oportunidade.

Por um momento, senti um pouco de pena de nós. Eu me desdobrando entre um emprego em tempo integral e aquele curso técnico de processamento de dados; ele sendo operário, ainda tão novinho, conciliando o trabalho pesado com os estudos, e também poupando parte do salário para pagar o inglês que fazia aos sábados.

Agora, olhando para trás, vejo o quanto essas experiências foram preciosas.

No caso do Luciano, aquelas escolhas foram ainda mais acertadas, pois o pai dele havia acabado de falir. Seu futuro intelectual e profissional tinha ficado por sua conta e risco.

O lado bom? Ele teve um incentivo e tanto para ser o protagonista da própria vida, aos 17 anos. Podia se deixar levar pelas circunstâncias ou então deixar que outros decidissem por ele. Mas optou por assumir o controle.

Nos despedimos com um sorriso e um suspiro típico daqueles que precisam encarar o segundo turno da jornada.

Éramos dois jovens, bem jovens, que escolheram renunciar a uma parte da adolescência. Ao mesmo tempo, trilhávamos nossos caminhos rumo à vida adulta, sem que nossos pais nem mais ninguém nos dissesse o que fazer.

Hoje, quando vejo o título deste livro, penso que lutar com autonomia por uma vida melhor é sempre um ato de egoísmo. Um egoísmo bom.

Dali para a frente, seguimos por diferentes estradas que por vezes se cruzaram, para a minha sorte. Ao longo desses vinte e seis anos, pude contar inúmeras vezes com a mentoria do Luciano para clarificar meus dilemas profissionais. Ele sabe, como ninguém, iluminar os atalhos que estão bem na nossa frente, mas não conseguimos enxergar.

Sinto-me privilegiada.

Ao mesmo tempo, também me dou conta de que, assim como aqueles dois jovens de 1995, existem milhões de pessoas transbordando sonho, garra e talento. Até onde elas chegariam se recebessem bons conselhos de carreira? Imagine quanto potencial há reprimido por pura falta de orientação? Quanta frustração e infelicidade poderia ser revertida em satisfação e bem-estar no mundo do trabalho?

Eis a grande contribuição deste livro.

Luciano foi muito além de construir uma história inspiradora ao longo dessas duas décadas e meia. Ele também desenvolveu um talento ímpar em olhar para a dor do outro e se dispor a ajudar, compartilhando o que aprendeu na própria pele. Levou educação corporativa para 400 mil pessoas nas redes sociais, ouviu dezenas de milhares de casos, mentorou mais de mil profissionais.

Agora presenciamos o ápice: um livro em que ele tece brilhantemente a própria história em conjunto com histórias singulares que captou em suas vivências e mentorias, com o objetivo de nos ensinar, na prática, como tomar conta de nossas carreiras.

Um rapaz que cursou Letras, mas foi parar no mundo web. Uma potência de escritor que ficou em segundo plano por um tempo para dar lugar ao executivo de tecnologia e depois ao mentor, e que agora retorna com força total.

É como diz o próprio autor: nenhuma trajetória é linear, nenhum conhecimento é em vão.

E se você, leitora ou leitor, chegou até aqui, é porque também sente que precisa tomar as rédeas da sua carreira e da sua vida. Deseja um futuro menos sofrido, mais feliz e cheio de sentido. Intuiu, de alguma forma, que precisa fazer suas escolhas para ser protagonista da própria história.

Estamos todos juntos nessa busca. Ontem, hoje e sempre.

As histórias que você lerá nas próximas páginas, e as lições que se desprendem delas, pertencem a todos nós.

Boa leitura e boa carreira!

Ana Paula Rodrigues

AVISOS

No decorrer deste livro, você e eu vamos ter uma longa conversa sobre como devemos gerenciar nossa carreira. Será uma jornada em que desafiaremos alguns conceitos sobre o funcionamento do mundo corporativo e nossa perspectiva em relação a ele. Faremos também reflexões dolorosas, mas necessárias, para que encontremos satisfação nesse campo tão importante de nossa vida. Antes de começarmos, quero deixar dois avisos.

O primeiro é que apresentarei uma série de histórias e personagens para ilustrar situações, comportamentos, ideias e o impacto disso tudo em nossas carreiras. Apesar de todas as histórias serem reais, os nomes dos profissionais e das empresas foram alterados a fim de não permitir qualquer tipo de identificação. Quando chegarmos às histórias, você entenderá o porquê desse cuidado.

O segundo aviso é sobre o que você encontrará neste livro. Organizei os assuntos contidos nele de modo a lhe oferecer vários ingredientes para que você mesmo prepare o prato de que mais precisa, e não necessariamente o que mais deseja saborear. Coloque alguns desses ingredientes na panela, jogue outros fora, adicione a quantidade de tempero a seu gosto para, no fim, ter a refeição que melhor lhe servir. É importante avisar que não é um prato feito; você precisará cozinhar se quiser comer alguma coisa, mesmo que não goste muito disso. A questão é: você terá de colocar a mão na massa. Se estiver disposto a isso, experimentará texturas e sabores que nunca pensou ser possível encontrar em sua carreira.

NOSSA CARREIRA NÃO PRECISA E NÃO DEVE SER UMA JORNADA DE SOFRIMENTO, E IMPEDIR QUE ISSO ACONTEÇA ESTÁ EM SUAS MÃOS, EU GARANTO.

INTRODUÇÃO

Quando você bateu o olho na capa deste livro, deve ter pensado: *egoísta com a minha carreira?* Parece algo um pouco *individualista e negativo para se pensar sobre o que quero fazer com a minha vida profissional.*

É provável que você esteja certo. Por que, então, eu fui para essa direção? Para tentar, ao menos nas palavras, dar um pouco de equilíbrio ao jogo do mundo corporativo, que pesa para qualquer lado que não seja o da nossa própria carreira. Quero desafiá-lo a mergulhar comigo nesse pequeno exagero, quero que você vislumbre como seria se agisse de modo egoísta em relação à sua carreira, o que isso significaria.

Se, de fato, parar por um tempo para refletir sobre a questão, perceberá que, não, você não é nem um pouco egoísta quando o assunto é sua carreira. Talvez perceba que não está nem perto disso ou, pior, está tão longe que agora a coisa toda parece estranha e assustadora. Se está se sentindo assim, não se apavore. Você não é o único a ter esse sentimento.

As pessoas pensam muito pouco em si mesmas quando o assunto é se preparar, planejar, tomar decisões e agir em benefício da própria carreira. Quando se veem em um momento de decisão, são influenciadas por amigos, familiares, empresas nas quais trabalham, chefes, ideias preconcebidas, mitos e, principalmente, medo de mudança. Para piorar, passamos mais de uma década estudando, entre o ensino básico e a faculdade, sem ninguém nos dizer o que diabos temos que fazer quando iniciamos nossa jornada no mundo corporativo.

É aqui que está o grande problema. A falta de orientação sobre como gerenciar a própria carreira pode ter um custo muito alto para nosso futuro profissional e, acredite, para nossa felicidade. Junte a isso o fato de que esse mundo pode, em algumas situações, ser muito hostil e competitivo, e, para deixar a coisa toda mais dramática, estamos em um mercado com taxas de desemprego altíssimas, o que abre a porta para uma série de outros problemas. Um verdadeiro desastre.

Em um ambiente com tantos elementos jogando contra, não podemos nos dar ao luxo de não ter protagonismo e controle sobre algo que é de nosso total interesse: nossa carreira. O contrário disso, ficar apático e à mercê dos outros, das empresas, do mercado ou de um chefe ruim, não é aceitável. Nossa carreira não precisa e não deve ser uma jornada de sofrimento, e impedir que isso aconteça está em suas mãos, eu garanto.

O que acabei de dizer não é apenas uma questão de opinião, é fruto da minha experiência de mais de duas décadas trabalhando no mercado de tecnologia – a maior parte do tempo como líder de times – e do extenso trabalho que tenho feito nos temas de carreira e liderança com milhares de pessoas nos últimos quatro anos.

COMO ME TORNEI UM MENTOR

Sabe aquele profissional que você conhece que já fez de tudo na vida? Sou eu. Comecei minha carreira muito cedo, trabalhando com meu pai em uma loja itinerante na Grande São Paulo e no interior. Meu pai, depois de algumas experiências ruins com a liderança da fábrica onde trabalhava como torneiro, decidiu que nunca mais teria um chefe e que seria empreendedor (mais adiante, você vai perceber que herdei a rebeldia dele, mas de uma maneira um pouco diferente). Inspirado em um de seus irmãos, ele começou a visitar empresas, propondo acordos, e montou uma loja interna temporária para que os empregados pudessem comprar produtos sazonais. Vendia ovo de Páscoa, panetone, roupas, calçados, eletrônicos chineses e qualquer outra coisa que estivesse na moda. Ele me arrastou por alguns anos nessa maluquice e, confesso que, além de achar a coisa toda divertida, adquiri a base do profissional que sou hoje trabalhando como caixa, vendedor, financeiro, segurança e especialista nos produtos e me relacionando com milhares de pessoas, as quais viriam a ser o grande foco da minha carreira.

Após alguns anos trabalhando com meu pai, o modelo de negócio dele faliu. Tendo que arcar com meus estudos e sem muitas opções na época, arrumei um emprego como operador de guilhotina durante o dia enquanto cursava faculdade de Letras à noite. Foi um período difícil, mas que, após alguns anos, possibilitou uma boa fundação para que eu começasse a experimentar mais. Depois disso, trabalhei dois anos como auxiliar de vendas e, em seguida, graças a uma incrível mentoria de currículo que recebi por acaso do meu irmão – vou falar um pouco mais sobre isso adiante –, fui parar no suporte técnico do UOL (Universo Online) como atendente, e foi quando começou o que chamo de "época de ouro" da minha carreira. Trabalhei alguns anos no suporte, depois fui para o departamento de comunicação e, por fim, acabei conseguindo uma vaga na área mais desejada da empresa: a editorial. No UOL, tive um rápido crescimento profissional e realmente amadureci. Foram sete anos e meio fantásticos até que surgiu uma vaga para trabalhar no Google.

Lá, passei onze anos da minha vida em uma jornada incrível de aprendizado e descobri que uma empresa pode ter uma cultura amigável para o funcionário e de muito, muito crescimento. No Google, tive umas dez funções diferentes até chegar à área de vendas e iniciar minha carreira na gerência, assumindo a liderança de todo um time como gerente de contas júnior. Nessa época, minha paixão por pessoas e por mentoria e as reflexões sobre o universo corporativo começaram a crescer dentro de mim em uma velocidade exponencial.

Eu sempre falo que a paixão por qualquer emprego, por mais incrível que ele seja, como trabalhar no Google, por exemplo, uma hora ou outra acaba. E a minha acabou no ano de 2016, quando eu já pensava seriamente em empreender, em trabalhar com algo relacionado a educação corporativa, mentoria de carreiras e liderança. Contudo, como surpresas sempre acontecem em nossas carreiras, o Facebook me procurou e ofereceu uma vaga para liderar o time de vendas de uma área similar à que eu atuava no Google. Apesar de o escopo ser parecido, o produto, a cultura, o desafio e o fato de a empresa ter sido um dos meus maiores concorrentes dos últimos anos me acenderam uma curiosidade enorme e aceitei a missão, mesmo com o meu líder no Google dizendo que eu estava louco e que estava jogando no lixo uma promoção pela qual tanto havia batalhado. Um ano depois de ingressar no Facebook e encarar o grande desafio de mudar a cultura arraigada na equipe, fui promovido a diretor e

A PAIXÃO POR QUALQUER EMPREGO, POR MAIS INCRÍVEL QUE ELE SEJA, UMA HORA ACABA.

realizei o velho sonho de sentar em uma cadeira executiva de uma das maiores empresas de tecnologia do mundo.

 Só que aquela antiga vontade de me jogar no mundo e empreender ainda estava lá, junto com a paixão pelo meu trabalho, que me permitia aprender, ter contato com profissionais incríveis e, além disso, ter impacto profissional positivo. Decidi, então, que faria as duas coisas: começaria a empreender aos poucos e ainda sentaria na cadeira de diretor de vendas. Nunca imaginei que essa decisão me colocaria em uma jornada tão única de aprendizado sobre as profundezas do mundo corporativo e as dinâmicas e interações que acontecem nele.

 Minhas reflexões sobre educação corporativa me fizeram atingir 400 mil leitores nas redes sociais, a maioria deles no LinkedIn, onde publico diariamente. Como resultado, fui eleito LinkedIn Top Voice no ano de 2020. Nesse meio-tempo, fui convidado para escrever uma coluna mensal chamada "Divã Corporativo" na revista *HSM Management* e recebi centenas de convites para bate-papos, palestras, podcasts, entrevistas, mentorias – já tive o privilégio de mentorear mais de mil profissionais – e muitos outros tipos de parceria. Entretanto a parte mais incrível desse processo foi ter tido acesso a histórias e depoimentos de milhares de pessoas e de suas conquistas, derrotas, ansiedades, dúvidas e medos em relação ao que fazer com a própria carreira e a como gerenciá-la. Isso me proporcionou insights incríveis e a convicção de ter encontrado a missão da minha vida: compartilhar não só o meu aprendizado mas também o aprendizado coletivo desses milhares de pessoas com quem trabalhei e todos os padrões e boas práticas que consegui agrupar e transformar em lições. É por isso, inclusive, que este livro existe. Nestas páginas, desejo dividir tanto o que aprendi quanto o que me foi ensinado.

> Quero convidar você a vir nessa jornada comigo para que eu possa ajudá-lo com suas inseguranças, preocupações e decisões, fazendo com que alcance, assim, a carreira feliz que tanto merece.

O MEU PRIMEIRO INSIGHT: O TRABALHO É UM LUGAR DE SOFRIMENTO

Como já comentei brevemente, nos últimos quatro anos, investi muita energia em educação corporativa, entre escrever, gravar vídeos, ministrar palestras e aulas e dar muitas, muitas mentorias para todos os tipos de profissionais que você possa imaginar – de analistas a VPs. Troquei mensagens, falei e escutei sobre a carreira de milhares de pessoas, o que ampliou a minha perspectiva e me trouxe muitos insights interessantes, coisas que eu nunca tinha percebido na minha própria carreira de mais de duas décadas. O primeiro deles é que, para a maioria das pessoas, **o ambiente de trabalho é um lugar de muito, muito sofrimento.**

Você conhece alguém que não está bem por causa do trabalho? Que adoeceu por causa de um chefe que beira – ou comete – o assédio? Que está estagnado a ponto de ver toda sua vida cair em uma apatia terrível? Que está tão atolado de trabalho que mal tem tempo para amigos e família? Talvez você conheça alguém que esteja até tomando remédios, afastado por burnout[1] ou, infelizmente, passando por algo ainda pior. Talvez essa pessoa seja você, que está lendo este livro. Se esse

---

1 Burnout: distúrbio psíquico caracterizado pelo estado de tensão emocional e estresse provocados por condições de trabalho desgastantes. (FERNANDES, M. Especialistas do HSM orientam sobre prevenção e tratamento da síndrome de burnout. **Secretaria da Saúde Governo do Estado do Ceará**, 18 nov. 2020. Disponível em: https://www.saude.ce.gov.br/2020/11/18/especialistas-do-hsm-orientam-sobre-prevencao-e-tratamento-da-sindrome-de-burnout/. Acesso em: 18 ago. 2021.)

for o caso, saiba que você faz parte de um grande universo de pessoas que passa por uma situação semelhante todos os dias. De novo: você não está sozinho.

São muitas as causas que transformam o ambiente de trabalho em um verdadeiro inferno para alguns profissionais: leis que não são obedecidas, sindicatos não atuantes, cultura corporativa inexistente ou ruim, departamento de RH ineficiente ou ausente, falta de treinamento para a liderança e muitas outras. Esse assunto por si só já poderia ser tema de um livro, de tão extenso que é. Quando analisamos um desses problemas, como a ausência de treinamento de liderança, ficamos diante de uma realidade incrivelmente triste e passamos a entender mais a fundo o que torna o ambiente corporativo um lugar tão negativo para tantas pessoas.

Fiz uma consulta (não vou chamar de pesquisa para os puristas não ficarem bravos comigo) com a seguinte pergunta: "Se você está ou já esteve em uma posição de gerenciar pessoas, pergunto: **sua empresa já ofereceu algum treinamento sobre liderança?**".

"Se você está ou já esteve em uma posição de gerenciar pessoas, pergunto: sua empresa já ofereceu algum treinamento sobre liderança?"

Sim – 43%

Não – 41%

Não, mas busquei fora – 16%

6.562 votos. Enquete encerrada

Com um número significativo de cerca de 6.500 respostas, é preocupante ver que apenas 43% das empresas oferecem treinamento para sua força de liderança, que é encarregada de cuidar do bem mais precioso que a empresa tem: seus funcionários. Além de o número ser baixo, quando eu o comparo com os dados qualitativos que colho em minhas sessões de mentoria, percebo que há deficiências enormes mesmo dentro desses 43%. Os treinamentos são poucos, rasos e insuficientes. Liderar pessoas é uma jornada que requer muito, mas muito treinamento para que os gerentes possam sempre oferecer a melhor experiência para seus liderados.

Ter comunicação efetiva, dar espaço para o colaborador se expressar, definir prioridades com eficiência, guiar os liderados com suas demandas de carreira, dar feedback de modo apropriado, inspirar, motivar e ser empático. Todos esses – e muitos outros – são pontos que podem e devem ser trabalhados por meio de treinamentos, grupos de discussão, mentorias e muito coaching para ter o melhor grupo de liderança possível. Apenas 43% das empresas fazem isso, e nem todas estão fazendo com a seriedade e a profundidade necessárias.

Entende, agora, o que significa quando seu colega diz que está tendo muitos problemas com o chefe dele ou quando as pessoas criticam seus gestores por absurdos que chegam a ser inacreditáveis? É bem possível que eles estejam se reportando para um profissional que nunca recebeu treinamento ou, caso tenha recebido, foi insuficiente.

Estenda os problemas que vimos dentro da dimensão de liderança para todas as outras causas que fazem as pessoas sofrerem e serem infelizes no ambiente de trabalho e você começará a ter um vislumbre do tamanho do problema. Ele é gigante.

O CUSTO DA NÃO COMUNICAÇÃO

Dei mentoria para uma funcionária de uma multinacional europeia. A empresa era bem estruturada e tinha um ciclo de avaliação anual, e essa profissional, que vou chamar de Cristina, estava ansiosa por esse momento. Ela havia trabalhado por oito meses em um projeto incrível e batido todas as metas acima do previsto. Com números tão bons e um projeto tão redondo, tinha altas expectativas de ser promovida. Chegado o tão esperado dia da avaliação de desempenho, levou um balde de água fria. Além de não receber a promoção esperada, sua nota foi abaixo dos parâmetros, algo que poderia comprometer sua promoção também no ciclo seguinte. Tentando entender com seu gerente o que tinha acontecido e mostrando os resultados e números do projeto que gerenciara, escutou que aquele projeto não era tão importante, que ela tinha negligenciado outras atividades e que esse era o motivo de sua avaliação negativa.

O que, então, havia acontecido? Exploramos essa questão em uma de nossas sessões e concluí que Cristina e seu gerente simplesmente não se comunicavam. Falavam apenas de tarefas do dia a dia, não tinham um dia e horário fixos para se encontrarem com frequência e nunca fizeram uma calibração do que era mais importante entregar naquele ano.

Esse caso, apesar de triste, é um ótimo exemplo de como a falta de comunicação de um líder pode ser prejudicial para todo o sistema. Eu não consigo parar de pensar em todos os recursos que foram desperdiçados nesses oito meses em que Cristina ia para um lado e seu gerente queria que ela fosse para o outro. Tempo jogado fora, dinheiro da empresa na lata do lixo, motivação do funcionário destruída e problemas certos para um futuro incerto da relação entre os dois. No fim da minha sessão com Cristina, ela verbalizou sua vontade de procurar outro lugar para trabalhar. Tudo porque um líder foi mal treinado em uma das habilidades mais fundamentais para o gerenciamento de pessoas.

Contudo eu não vou eximir Cristina totalmente da culpa pelo que aconteceu. Ela poderia ter feito algo a respeito. O mesmo vale para todos nós.

NÃO TERCEIRIZE SUA CARREIRA

Vamos voltar, agora, uma casinha para falar novamente por que sofremos no trabalho. Um dos grandes motivos, que eu coloco como um dos principais, é a nossa própria ignorância em relação ao gerenciamento de nossa carreira de modo a evitar que nos coloquemos em algum lugar ou em alguma situação que não nos fará felizes no ambiente de trabalho.

"Ah, Luciano, não é justo. Isso não deveria ser responsabilidade da empresa e do meu líder?" Bom, eu tenho más notícias para quem ainda pensa assim: a vida não é mesmo justa, e colocar a culpa na empresa e no líder é o que eu chamo de "terceirizar sua carreira", algo que não pode acontecer.

Deveríamos ter líderes bem treinados? Claro. As empresas deveriam ter uma cultura equilibrada que nos permitisse crescer e nos desenvolver? Absolutamente. O assédio deveria ser banido do mundo corporativo? Com toda certeza. As empresas deveriam oferecer plano de carreira e ter líderes mentores? O melhor dos mundos. Apesar disso, essa não é a realidade que vemos lá fora. Lembra quando eu disse que apenas 43% dos líderes recebem algum tipo de treinamento para gerenciar pessoas de maneira eficaz? Se olharmos para qualquer indicador dos pontos importantes e que garantiriam o nosso bem-estar no trabalho, a maioria estará muito aquém do que precisamos. Levando esse cenário em consideração, nós temos duas opções: navegarmos passivamente nesse ambiente ou chamarmos para nós a responsabilidade por nossa carreira. Se você quer ser feliz e ter uma vida profissional plena, eu o aconselho a escolher a segunda opção.

Para ilustrar como a falta de orientação tem impacto negativo em nossa carreira, quero contar a história de três profissionais que cruzaram meu caminho nos últimos anos. São histórias que ficaram marcadas por suas consequências drásticas, que poderiam ter sido evitadas com uma boa dose de educação, boas práticas e reflexão sobre como tomar as melhores decisões pensando na pessoa que mais importa: você.

Três histórias que me marcaram

Jorge trabalhava como vendedor em uma empresa que fabrica peças hidráulicas. Com alguns anos de empresa e uma boa carreira, foi abordado por um concorrente e decidiu participar do processo seletivo. Fez algumas entrevistas, passou para a fase final e falou com o diretor, que foi categórico: "Gostamos de você e vamos fazer uma boa oferta". Fizeram: o aumento de salário era considerável, os benefícios eram incríveis e o lugar era conhecido por ter uma ótima cultura. Jorge, então, chamou seu gerente para bater um papo e comunicar sua saída. Foi um corre-corre danado; o gerente chamou o diretor e marcaram uma reunião para conversar sobre o futuro de Jorge e tentar retê-lo na empresa. Com frases do tipo "você faz parte da família", "está crescendo aqui" e "está trocando o certo pelo duvidoso", eles o convenceram a ficar sem oferecer nenhuma contrapartida financeira. Um mês depois daquela conversa "em família", o gerente do Jorge anunciou sua saída da empresa para todos em uma reunião de time. Consegue adivinhar para onde ele foi? Sim, para o concorrente, o mesmo que fizera uma oferta a Jorge, que foi convencido a recusar. Quando ele me procurou, estava com princípio de depressão, inconformado com o fato de ter deixado passar uma oportunidade tão boa.

Valéria me mandou a seguinte mensagem: "Luciano, confidenciei ao meu gerente que estava planejando ter um filho, pois, assim, poderíamos traçar um plano para a minha saída temporária. Eu não queria simplesmente aparecer grávida um dia sem ter as coisas propriamente organizadas. Uma semana depois que eu compartilhei com ele essa informação, ele me chamou na sala, disse que meus planos pessoais eram incompatíveis com o momento da empresa e me demitiu. Passei cinco anos lá e era considerada uma profissional modelo". Esse é o tipo de história que mexe conosco e nos revolta, eu sei. O que citei é só um trecho de toda a nossa conversa; ela ainda me disse que era o braço direito do seu gerente e funcionária exemplar premiada como a melhor do ano anterior ao que foi demitida. Como algo assim pode ter acontecido?

Marcos trabalhou por quinze anos como diretor de marketing de uma grande empresa nacional situada no interior de São Paulo. Entrou lá como analista e galgou todas as posições até chegar à diretoria. A empresa prosperou e, com ela, muitos funcionários, todos na mesma situação de Marcos. Um dia, sem que ninguém esperasse ou soubesse, anunciaram que a empresa havia sido vendida para um grupo estrangeiro. A promessa era de que nada mudaria no curto prazo e de que todos os funcionários seriam aproveitados. Como promessa não é dívida, logo depois que a poeira da mudança abaixou, houve um corte de quase todos os funcionários mais antigos que tinham salários altos, e Marcos foi um deles. Durante todo o tempo em que trabalhou lá, Marcos nunca se preocupou com o futuro. Não fez cursos, não aprendeu inglês, não entendia de marketing digital e, quando foi tentar se recolocar no mercado, não conseguiu. Quando ele chegou até mim, já estava falido e havia dois anos sem conseguir se recolocar.

O que essas três histórias têm em comum? Falta de conhecimento sobre como lidar com a carreira.

Jorge não aprendeu que todo profissional precisa pensar em si e abraçar as boas oportunidades que aparecem. O seu ex-gerente fez isso, o chefe dele faria, assim como o diretor ou o CEO. Todos os profissionais mudam por boas oportunidades, é uma dinâmica natural de todas as indústrias.

Valéria não percebeu que expor uma informação tão pessoal para a empresa seria arriscado. Ela podia ter feito isso apenas quando já estivesse grávida, com o exame em mãos e protegida pela lei com estabilidade durante e após a gravidez, garantindo, assim, que não ficaria à mercê de um profissional inescrupuloso que só pensa no curto prazo.

Marcos falhou em não saber que carreira é uma obra em construção que nunca chega ao fim, que temos que estudar, nos preparar para o amanhã, acompanhar a nossa indústria e, principalmente, ter um plano B.

O meu segundo insight: não é preciso sofrer

Lembra quando eu disse que o ambiente de trabalho é um lugar de sofrimento para muitos? De todas as situações que chegam até mim, a natureza das histórias de Jorge, Valéria e Marcos é bem comum. Há muita gente passando por situações difíceis entre as paredes do escritório, na sala do chefe, ao lado de colegas desagradáveis, em empresas com departamentos de RH ausentes e culturas com tanto drama e brigas que dão de dez a zero em qualquer novela mexicana.

Eu não me conformo com essa realidade. Nós passamos mais tempo no trabalho do que em qualquer outra dimensão de nossa vida quando estamos acordados. Gastamos uma parte considerável do nosso escasso tempo – **um terço[2]** dele – no trabalho. A energia e a atmosfera que temos nesse ambiente vão impactar todo o resto de nossa vida, é inevitável. O trabalho afeta nosso humor, energia, disposição, autoestima, o tempo que temos disponível e, principalmente, a maneira como vamos interagir com a comunidade, os amigos e a família. Não dá para separar uma coisa da outra.

    Contudo, eu tenho certeza absoluta de que não precisa ser assim. Nessa minha exploração pelo universo corporativo, tive também outro insight, que se contrapõe ao anterior: **apesar de o trabalho ser um lugar de sofrimento para muita gente, as pessoas podem mudar esse destino com uma boa dose de educação sobre gerenciamento de carreira**. É possível ter novas perspectivas, conhecer ferramentas, se inspirar em histórias de outros profissionais e destruir mitos e "pré-conceitos" que não fazem sentido e só contribuem para você cair em um círculo vicioso de sofrimento e infelicidade.

    Não importa quão fundo você acredite que esteja nesse poço, dá para montar uma estratégia e sair desse lugar desconfortável. Isso vai requerer muito protagonismo de sua parte, que você se desafie profundamente em relação ao que acredita serem as etiquetas e regras do mundo do trabalho, que tenha flexibilidade para aprender novas ferramentas e novos comportamentos, além de humildade para beber na fonte de conhecimento dos que vieram antes de você. Ah, e como eu venho dizendo desde o título deste livro, você também vai precisar de uma bela dose de egoísmo com sua própria carreira – vamos mergulhar bem fundo nesse tema nos próximos capítulos.

    Eu presenciei centenas de profissionais mudarem de postura em relação ao trabalho, transformarem sua carreira e,

---

2 TIME Tracking Statistics. **Clockify**, 2021. Disponível em: https://clockify.me/time-tracking-statistics. Acesso em: 1º jun. 2021.

O TRABALHO AFETA NOSSO HUMOR, ENERGIA, DISPOSIÇÃO, AUTOESTIMA, O TEMPO QUE TEMOS DISPONÍVEL E, PRINCIPALMENTE, A MANEIRA COMO VAMOS INTERAGIR COM A COMUNIDADE, OS AMIGOS E A FAMÍLIA.

principalmente, o sentimento que têm por ela. Vi muita gente começar a ser feliz com as mudanças que construiu, tanto no trabalho quanto fora dele, e está em suas mãos fazer isso acontecer também na sua vida. Você – e mais ninguém – é o mais interessado em tornar isso uma realidade.

Antes de seguirmos, apresento o depoimento de uma profissional que trabalhou comigo e mudou sua visão sobre como pensar sua carreira:

"Luciano, quando o escutei falar pela primeira vez em ser egoísta com a minha carreira, alguma coisa mudou dentro de mim. Eu trabalhava havia um ano em uma empresa e tinha uma relação péssima com a minha gerente. Ela me tratava mal, chegou a gritar comigo e até a falar mal da maneira como eu me vestia. Apesar de estar naquela relação tóxica, eu não consigo explicar por que eu não me mexia para sair dela. Depois que você e eu conversamos, resolvi voltar a estudar inglês, fiz um curso de curta duração na minha área e atualizei meu currículo e meu perfil no LinkedIn (obrigada pela bronca!). Depois de participar de três processos seletivos, recebi uma oferta ótima e a aceitei. Não sei como vai ser a minha vida lá, mas agora eu sei que não tenho que aceitar o que não me faz bem. E, se lá também não der certo, vou continuar sendo egoísta com a minha carreira. Eu mudo novamente."

CAPÍTULO 1
UM TRABALHO FELIZ

Depois que tive esses dois insights sobre o mundo corporativo, eu já estava totalmente envolvido em ajudar profissionais a encontrar uma jornada que trouxesse mais satisfação para a própria carreira, passei a pensar muito na teoria disso tudo e, principalmente, a tentar entender as causas que levam tanta gente a essa situação difícil. Entre as várias maneiras de fazer isso, eu decidi começar com uma pergunta simples e direta.

Há muitos estudos sobre a felicidade no trabalho feitos em diversos países com resultados relativamente parecidos, mas, como temos uma cultura única no Brasil, resolvi usar o poder dos milhares de seguidores que tenho no LinkedIn para fazer uma consulta e perguntar quantitativa e qualitativamente: **"Você é feliz no trabalho?"**. Participaram da enquete cerca de 1.500 profissionais de diferentes indústrias.

O resultado não me surpreendeu: quase 60% das pessoas disseram que não são felizes em seu trabalho e sua carreira. Quando refleti um pouco sobre esse número, confesso que, mediante o que eu já havia pesquisado e lido sobre estudos semelhantes em outros lugares, pensei que ele poderia até ser maior. Mesmo assim, é muito triste saber que tantos profissionais são infelizes no trabalho. Uma amostra de 1.500 pessoas é algo considerável e, se estendermos proporcionalmente isso para a população trabalhadora de todo o Brasil, estamos falando de quase 18 milhões de pessoas infelizes no seu posto de trabalho – e isso apenas considerando os 30 milhões[3] de profissionais que trabalham com carteira assinada.

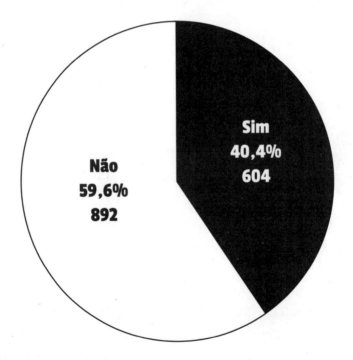

3 ALVARENGA, D. Número de brasileiros com carteira assinada é o menor desde 2012, mostra IBGE. **G1**, 26 fev. 2021. Disponível em: https://g1.globo.com/economia/noticia/2021/02/26/numero-de-brasileiros-com-carteira-assinada-e-o-menor-desde-2012-mostra-ibge.ghtml. Acesso em: 11 set. 2021.

Nessa consulta, além de fazer uma pergunta cuja resposta seria apenas sim ou não, dei para os participantes a opção de se justificarem em uma frase curta. Com essas informações em mãos, tive insights valiosos e tentei agrupar esses dados em temas para compreender melhor o que motiva alguém a responder sim ou não à pergunta "Você é feliz no trabalho?".

Dos que responderam **não**, os cinco principais motivos para a escolha (acredito que você já deve estar dando o seu melhor chute para tentar adivinhar) foram:

1. **o chefe;**
2. **falta de oportunidade de crescimento;**
3. **falta de reconhecimento;**
4. **salários baixos;**
5. **a função desempenhada.**

Apesar de não ser uma surpresa, ver como principal motivo de infelicidade "o chefe" é desanimador (lembra-se da história da Cristina?). O gerente, diretor ou qualquer outro em cargo de liderança deveria ser motivo de inspiração, fonte de aprendizagem e um exemplo a ser seguido por todos os que estão ao redor. Lembra quando citei, algumas páginas atrás, que apenas 43% dos líderes recebem algum tipo de treinamento formal para a função e que, mesmo quando recebem, é raso e insuficiente? Não é à toa que a liderança é o principal motivo para a falta de satisfação com o trabalho, está totalmente correlacionado. Ver esse papel tão importante ser a principal fonte de infelicidade mostra a deficiência gigante que a maioria das empresas tem em selecionar, treinar e dar suporte para que esses profissionais possam garantir o bem-estar e a felicidade de seus liderados. Parece que tem uma grande verdade naquela frase de efeito que diz que **"as pessoas deixam seus chefes, e não as empresas em que trabalham"**, não?

A FÓRMULA DA FELICIDADE CORPORATIVA

Quando olhamos para o outro lado da questão, é possível ter uma visão interessante sobre o que a maioria de nós precisa para ser feliz no trabalho. Mais do que apenas uma visão, com um pouco de criatividade, dá para chegar à "fórmula da felicidade" quando vemos os motivos que levaram 40% dos participantes a dizer que são felizes na labuta do dia a dia. Compilando todas as respostas, e novamente sem muitas surpresas, chegamos ao resultado:

CRESCIMENTO + AMBIENTE + RECONHECIMENTO + LÍDER + DESAFIOS = Felicidade

Indo um pouco além, se pegarmos todos os pontos mencionados para encontrar felicidade no mundo corporativo com o objetivo de criar uma única frase ou ideia, chegamos em algo parecido com:

> **A FELICIDADE NO TRABALHO ACONTECE QUANDO SE ESTÁ EM UM AMBIENTE POSITIVO, NO QUAL AS PESSOAS POSSAM CRESCER, SE SINTAM DESAFIADAS E SEJAM RECONHECIDAS POR LÍDERES BEM PREPARADOS.**

Lendo essa frase, não parece algo exagerado ou descabido. Ainda assim, a maioria das pessoas não consegue chegar nem perto de descrever o lugar em que trabalha dessa maneira. O lado bom é que, como será visto no decorrer deste livro, é possível construir um caminho e chegar até esse lugar que alguns chamam de "o trabalho feliz". O primeiro passo é entendermos os mecanismos por trás desse estado de felicidade e começarmos a refletir sobre qual é o nosso lugar nele. Quando você leu essa frase, você se reconheceu nela? **Você consegue dizer que está profissionalmente em um ambiente positivo, onde pode crescer, se sente desafiado e é reconhecido por líderes que são bem preparados?**

Para entender melhor e começar a pensar sobre o seu lugar nisso tudo, proponho o rápido exercício a seguir:

PERGUNTA	Se a resposta for sim, marque 1; se for não, marque 0.
Há perspectiva de crescimento no seu emprego?	
Você sente que o lugar em que trabalha tem um ambiente acolhedor?	
É reconhecido por suas conquistas e pelo trabalho entregue?	
Tem um líder bem preparado, que o inspira e incentiva a ser melhor?	
Sente-se desafiado no dia a dia com suas tarefas?	
Soma:	

Certamente, o desejável é que a soma das respostas para essas perguntas esteja o mais próximo possível de 5. Se a sua soma estiver entre 3 e 5, você trabalha em um lugar que oferece ou está no caminho de oferecer um ambiente propício à felicidade, mas, se estiver entre 0 e 2, é hora de pensar seriamente se o seu emprego é o que vai lhe trazer satisfação na carreira.

O interessante de fazer esse exercício simples é começar a refletir sobre os componentes que existem em nosso relacionamento com o trabalho e descascá-los para ver o que tem dentro. Unindo um pouco da minha experiência a esses dados, afirmo que a maioria daqueles que são infelizes com seu emprego atual não sabe dizer muito bem o porquê disso – sempre que, nas minhas sessões de mentoria, pergunto às pessoas por que se sentem assim, recebo como resposta uma cara de paisagem ou apenas um comentário sobre um ou outro ponto que está momentaneamente incomodando. O constatado há pouco são apenas as dimensões mais comuns que os profissionais buscam no mundo corporativo para encontrar satisfação, que, geralmente, é diferente para cada um de nós.

Aproveite este momento para ponderar sobre o que o move e o que você quer para ter satisfação e felicidade em sua carreira. Quando faço essa reflexão, além de todos os cinco pontos citados anteriormente, desejo trabalhar com colegas inspiradores, em uma empresa que pense e pratique diversidade, que seja na área de educação e também quero me divertir durante o processo. A minha lista seria um pouco mais longa do que a proposta no exercício. Como seria a sua?

Sempre que eu quero materializar algo para mim, tenho como prática anotar em um caderninho ou até mesmo em um bloco de notas virtual. Escreva abaixo de 3 a 5 itens que você gostaria de encontrar em um trabalho ideal.

1. _____

2. _____

3. _____

4. _____

5. _____

Para fechar essa exploração sobre o que nos faz felizes no trabalho, quero trazer mais três reflexões sobre o tema: dinheiro, propósito e lugar.

Dinheiro

Uma das coisas mais interessantes dessa consulta é que dinheiro (na forma de salário) aparece como um dos principais motivos para as pessoas não estarem felizes no trabalho, mas ele não aparece em destaque (ficou em nono lugar) quando as pessoas descrevem as razões para estarem felizes com a carreira.

Sei que muita gente coloca dinheiro na sua lista, e não tem nada de errado nisso, pois ele é importante e necessário para que a nossa vida funcione bem, mas não é nem de longe o principal motivo para manter as pessoas felizes no trabalho. O antigo jargão "dinheiro não traz felicidade" parece que também se aplica à nossa vida profissional.

Quando trabalhei no Google gerenciando um time de vendas relativamente júnior, decidimos mudar o modo de remuneração e incluir um bônus agressivo para as pessoas que superassem suas metas. A hipótese era que isso faria com que os gerentes de conta vendessem mais para conseguir o maior bônus possível no fim do trimestre. Estávamos tão certos de que a estratégia funcionaria que nem sequer pensamos em fazer um piloto antes e implementamos a mudança para todos de uma vez só. O projeto foi um fracasso, não tivemos o crescimento que esperávamos, e os resultados se mantiveram como antes. O que aconteceu?

Quando cavamos mais a fundo e fizemos uma pesquisa qualitativa com os times para entender os motivos, ficou claro que, naquele momento de carreira (lembrando que era um time júnior, com a média de idade entre 23 e 25 anos), o salário não era nem de longe um assunto que habitava suas preocupações. O que eles queriam era: 1) aprender coisas novas e habilidades relacionadas com o trabalho que faziam; 2) ter espaço para crescer na carreira e um caminho claro para isso; e 3) serem reconhecidos pelos resultados não apenas monetariamente, mas em suas avaliações e, consequentemente, com promoções.

Esse foi um dos grandes momentos "uau" que tive em minha carreira como líder. Até então, eu tinha como ideia incontestável que a melhor maneira de incentivar um time de vendas era por meio de bonificações polpudas – e até acredito que isso seja verdade e influencie positivamente em algumas indústrias, mas não é nem o melhor nem o único jeito.

Quando comparo esses três pontos que descobri com a mudança fracassada que fizemos no Google e os resultados da minha consulta (em especial os referentes ao que faz as pessoas encontrarem felicidade no ambiente de trabalho), vejo que tudo casa perfeitamente. Nem é preciso confiar na minha consulta, pois há muitos estudos sobre o tema, e um dos meus favoritos afirma que há uma correlação de apenas **2% entre salário e satisfação no trabalho**,[4] afirmação descoberta em uma metanálise feita pelo pesquisador Tim Judge e seu time. Eles afirmam que, **mesmo que as pessoas pudessem escolher o seu salário, isso teria muito pouco ou nenhum impacto na satisfação que encontrariam em seus empregos.**

Proponho uma última reflexão sobre esse ponto de discussão, que é especialmente importante para o momento econômico que vivemos no Brasil: dinheiro é fundamental; se não ganharmos o bastante para suprir todas as nossas necessidades básicas, dar segurança para a nossa família, nos alimentar

---

4 CHAMORRO-PREMUZIC, T. Does Money Really Affect Motivation? A Review of the Research. **Harvard Business Review**, 10 abr. 2013. Disponível em: https://hbr.org/2013/04/does-money-really-affect-motiv. Acesso em: 19 ago. 2021.

corretamente e sobrar um pouco para alimentar a alma (o que quer que isso signifique para você), claro que ele vai ser um problema e, com certeza, estar no topo da lista do que causa a sua infelicidade. Se ganharmos o suficiente para tudo isso e tivermos garantias, ele, então, terá um papel secundário.

Propósito

> "Em algumas atividades, nós ganhamos o dinheiro que nos permite pagar as contas; noutras, nós encontramos o que mantém nossa sanidade. Às vezes, com muita sorte, conseguimos os dois num lugar só." – Padre Fábio de Melo

Volta e meia alguém me pergunta como encontrar seu propósito de vida. Essa é uma pergunta muito difícil de responder, pois não tenho certeza de que encontrei o meu. Em uma das vezes em que refletia sobre a questão, li a história de um colega sobre como sua mãe apresentava um quadro inicial de depressão por estar em quarentena em casa e, incentivada por ele, resolveu usar sua habilidade de costura para confeccionar máscaras e distribuí-las para a comunidade onde mora. Ela mudou completamente de energia quando começou a fazer esse trabalho, sentindo-se útil ao contribuir com algo importante e ajudar as pessoas ao redor.

Eu me questionei: *será que o nosso propósito é uma missão especial gigante que o Universo vai jogar no nosso colo ou é a soma das pequenas coisas que fazemos e que elevam nosso espírito?*

Quando pensamos em ter uma carreira feliz, quase sempre associamos isso ao tal do propósito. Eu já recebi gente angustiada nas minhas sessões de mentoria, pessoas que não fazem o que desejam, mostrando como os amigos ("O inferno são os outros", já dizia Jean-Paul Sartre) têm uma carreira perfeita e elas não. Essas pessoas estão em uma busca quase louca para achar seu propósito, como se esse fosse o único caminho para encontrar algum tipo de satisfação profissional.

Então eu as tranquilizo: "Calma, a maioria das pessoas nunca encontrou seu propósito". Com certeza, há por aí mais uma Madre Teresa de Calcutá, um Buda e alguns outros iluminados que o acharam – algo muito difícil de ser feito. Essa busca, porém, não deve impedi-lo de ter uma boa carreira, uma boa vida, ajudar as pessoas e construir um caminho que lhe permita olhar para trás e sentir orgulho. Eu, por exemplo, que estou no alto da minha maturidade profissional, ainda me coloco em uma missão que me dá energia, que me faz acordar pela manhã e correr para ver o que os meus leitores escreveram, quais são as novas sessões de mentoria marcadas, os assuntos sobre os quais quero matutar e como eu posso ter ainda mais impacto positivo na vida das pessoas.

Quanto mais eu penso nesse assunto, mais a seguinte ideia me volta à mente: **nosso propósito é ter uma vida da qual nos orgulhamos e uma carreira que nos faz sair da cama com energia e disposição.** O segredo está na jornada. Sobre isso, há uma passagem fantástica no livro *Alice no País das Maravilhas*. Talvez você já a tenha visto bastante por aí em formato de meme:

> **Alice perguntou: "Gato Cheshire... Pode me dizer qual o caminho que eu devo tomar?"**
> **"Isso depende muito do lugar para onde você quer ir", disse o Gato.**
> **"Eu não sei para onde ir!", disse Alice.**
> **"Se você não sabe para onde ir, qualquer caminho serve."**[5]

---

5 Trecho do livro *Alice no País das Maravilhas*. (Carroll, L. **Pensador**, 2005-2021. Disponível em: https://www.pensador.com/frase/MTkwMDc2NQ/. Acesso em: 14 set. 2021.)

"Se você não sabe para onde ir, qualquer caminho serve." Isso é tão brilhante! Eu vou usar uma licença poética para dizer que não é qualquer caminho, mas o caminho que queremos fazer, o caminho que a nossa bússola interna diz para seguirmos, o caminho em que a luz do sol bate mais forte e pensamos: *é para lá que eu vou agora mesmo*, mesmo sem saber o destino.

Eu não sei se você vai encontrar o seu propósito lá, mas, se tiver sorte como eu, vai se divertir muito na jornada. Aproveite o caminho!

Lugar

Sempre que alguém me traz a preocupação de estar na função errada, eu me lembro de uma profissional que trabalhou comigo em um processo de mentoria e vivia isso ao extremo. Ela entrou muito jovem na faculdade sem saber exatamente o que queria estudar. Por sugestão dos pais, optou por cursar Veterinária, inspirada em um tio que seguia essa profissão e na paixão que demonstrava pelos animais. Logo nos primeiros anos, percebeu que aquilo não era o que ela queria, que a paixão por animais se limitava a colocar o gatinho no colo para uma sessão de carinho, mas, como os pais pagavam a faculdade com bastante esforço, ela não teve coragem de desistir (nem de ser egoísta com sua carreira, o que deveria ter feito, mas vamos falar mais sobre isso adiante). Ela se formou, montou um consultório na cidade em que morava e trabalhou muitos anos na área, até a morte de seu pai. Foi nesse momento que tomou coragem, fechou a clínica e foi trabalhar com o que realmente queria: marketing.

Durante as nossas conversas, ficou claro para mim que a escolha errada da profissão fez com que se tornasse impossível para ela encontrar qualquer tipo de satisfação no trabalho. Mesmo que estivesse em uma grande empresa de veterinária, em um ambiente ótimo, com possibilidade de crescimento, reconhecimento, bons líderes e tudo o que se possa sonhar para facilitar o processo, o fato de ela não amar o que fazia tornava a tarefa insuportável. A sensação que teve depois que tomou a decisão de sair da área, mesmo com a incerteza da mudança e a redução drástica de salário, foi de libertação de uma longa prisão confortável.

E a história dela não é única; muitos se jogam na faculdade sem saber quais são suas aptidões e inclinações, são influenciados pelas pessoas ao redor. Depois de alguns anos, estão com um canudo na mão e sem qualquer vontade de trabalhar na área. Ou a vida os leva para um emprego meio que organicamente e, uma vez imersos nele, entendem que ali não é o lugar em que desejam estar. São muitos os motivos que nos levam para o lugar errado, e é preciso diagnosticar bem esse erro de rota para não culpar o mundo, o Universo, o seu chefe ou qualquer outra coisa por algo que está dentro de nós: simplesmente não nascemos para fazer aquilo.

Sabe tudo isso que estamos descascando e amassando até agora para ter a carreira que sempre sonhamos? Não vai funcionar se você não tiver tesão pelo que está fazendo. Contudo, se você está totalmente vestido com a carapuça do que estamos falando aqui, nem tudo está perdido. Há um tema que está ganhando destaque nos círculos de discussões de carreira e sessões de coaching e tem sido *trend topic* do LinkedIn nos últimos tempos: transição de carreira. Tem muita gente fazendo isso, e, se você quiser e colocar intenção, pode fazer também. Mas, de novo, esse é um assunto para um capítulo mais à frente.

Agora que entendemos um pouco das dimensões que afetam a nossa felicidade no trabalho e a fundação necessária, divagamos sobre o papel do dinheiro, a obstinação pelo propósito e o lugar que não nos pertence, vamos falar sobre o planejamento (ou não) de que precisamos para construir nossa carreira. Já vou deixar aqui um grande spoiler: eu não planejei a minha.

SERÁ QUE O NOSSO PROPÓSITO É UMA MISSÃO ESPECIAL GIGANTE QUE O UNIVERSO VAI JOGAR NO NOSSO COLO OU É A SOMA DAS PEQUENAS COISAS QUE FAZEMOS E QUE ELEVAM NOSSO ESPÍRITO?

2

CAPÍTULO 2
PLANEJAR A CARREIRA OU NÃO?

Costumo dizer que há dois tipos de profissional: os que planejam a carreira e os que vão improvisando durante a jornada. Eu sou da segunda turma, nunca planejei a minha. Não que eu não a tenha influenciado e tomado decisões importantes no caminho, tomei muitas, mas nunca tive um plano mestre com um destino marcado e decidido. Surpreso? Muita gente fica quando falo isso, mas não sou nem de longe especial e faço parte de um grupo grande de pessoas que trilharam sua carreira da mesma maneira.

Fiz outra consulta com meus leitores com uma pergunta simples: "**Você planejou a sua carreira?**". O resultado está em linha com a minha afirmação inicial: dos quase 2.600 profissionais que participaram, **31% disseram que planejaram a carreira e 69% disseram que não planejaram**. Confesso que me surpreendi um pouco com o número de pessoas que afirmou ter planejado a carreira, já que minhas observações qualitativas, principalmente das muitas conversas sobre carreira que tenho, me diziam que esse número poderia ser ainda menor.

Contudo, quando comecei a ler os comentários, percebi que minhas observações não estavam tão incorretas assim. Entre os muitos depoimentos, um que dizia "eu planejei a minha, mas nada aconteceu como eu queria" chamou minha atenção. Isso joga uma luz diferente aos números; dos 31% que disseram que fizeram um planejamento, nem todos viram a coisa andar como queriam. Se a maioria das pessoas não planeja sua carreira, e, dentro da minoria que planeja, as coisas ainda podem não sair como esperado, eu deveria planejar a minha?

A mesma pessoa que contou sobre seu planejamento não muito bem-sucedido perguntou como foi a minha trajetória. E ela ficou surpresa com a resposta: nunca fiz planos detalhados, faço parte dos 69%. Minha carreira foi acontecendo de maneira orgânica; um dia, eu vendia sapatos; no outro, operava uma máquina; e, com um misto de suor, dedicação e sorte, caí no mundo da tecnologia, no qual estou há mais de duas décadas. Mesmo dentro do universo da tecnologia, a minha carreira ainda quicou múltiplas vezes até eu me reconhecer como líder de pessoas e seguir a maior parte do tempo nessa função.

Eu quero dizer que não vale a pena planejar sua carreira? Não, de modo algum. Já vi exemplos de pessoas que fizeram isso com maestria. Eu me lembro bem do caso de um colega que, recém-contratado na empresa em um cargo júnior, me convidou para tomar um café. Ele me contou dos seus planos de um dia virar diretor, disse quem eram os profissionais que o inspiravam e como estava construindo o caminho para tornar aquilo realidade. Ele criou um plano de ação, pensou no tempo que passaria em cada função, nas experiências que gostaria de ter e em como isso tudo culminaria no sonhado cargo de direção. Apesar de as coisas não terem saído 100% como o planejado, ele acertou o destino em cheio: tornou-se diretor na empresa, exatamente como havia idealizado. Tenho certeza de que você também deve conhecer alguém que sonhava em ser engenheiro e conseguiu, que sempre falava que seria professor e se tornou um, entre outros similares. Esses casos acontecem, mas são minoria.

O que eu quero dizer é: **não sofra por não ter um planejamento**. Nem todo mundo quer fazer um e nem todo mundo precisa de um. A vida é algo surpreendente e, para a maioria das pessoas, o destino vai chegar sem qualquer planejamento formal. Para uma parte menor, vai acontecer diferente do que tinham planejado, e alguns vão conseguir atingir exatamente o que colocaram no papel. E tudo bem, não há certo ou errado. Assim como muita gente fica surpresa quando eu falo do meu não planejamento, você também pode ficar quando souber que profissionais que admira tiveram um caminho parecido com o meu, e com o da maioria.

> **EXERCÍCIO:**
>
> Liste dois a três profissionais que estão no seu círculo e que você admira, pode ser alguém do seu trabalho, um familiar ou mesmo um amigo que teve uma carreira que você considera interessante. Convide-os para um bate-papo e pergunte como foi a jornada de cada um. Não planejaram? Planejaram e não aconteceu como imaginavam? Escutar sobre a carreira de quem admiramos é inspirador, use e abuse dessa ferramenta. Mais adiante, vamos falar sobre como aprender com os que vieram antes de nós é fundamental.

MUDANÇA DE DIREÇÃO

Você não ter feito o planejamento da sua carreira não quer dizer que nunca vá precisar de um ou que não possa fazer um. Vou usar o meu caso como exemplo mais uma vez. Apesar de nunca ter feito um planejamento formal, agora, no alto dos meus 44 anos, criei o meu. Adoro a minha vida como executivo em uma grande empresa de tecnologia. Aprendo, estou rodeado de pessoas incríveis e me sinto pleno em um ambiente corporativo.

Contudo, como já declarei no começo do livro, falar e debater sobre educação corporativa é algo que faz meus olhos brilharem, e é a missão que adotei para os próximos anos da minha vida profissional. Eu me vejo trabalhando exclusivamente com o tema um dia; tenho construído o caminho para isso há um bom tempo e, recentemente, rascunhei meu planejamento e como isso se materializará nos próximos anos.

Não sei se os meus planos tardios vão funcionar, mas construir as coisas ao redor deles vai, ao menos, me levar para a direção que eu gostaria de ir. Eu, que nunca fui um grande fã de planejamento de carreira, tenho me visto com listas, anotações no caderno e um esboço do lugar em que quero chegar. Essa programação inesperada foi inspirada no meu plano B, que, apesar de não ser algo formal, considero uma das principais questões às quais todo profissional precisa atentar. Venha comigo.

Tenha o seu plano B

Relembrando: não ter um planejamento não significa que você não deveria ter planos. Sim, planos, no plural. Lembra-se da história do Marcos, que trabalhou por quinze anos na mesma empresa? Durante todo aquele período, ele se dedicou totalmente ao seu cargo e, ano após ano, entregava excelentes resultados. Com o tempo, tornou-se conhecido, referência, e

NÃO TER UM PLANEJAMENTO NÃO SIGNIFICA QUE VOCÊ NÃO DEVERIA TER PLANOS.

o seu ser e o da empresa pareciam ter, de certa maneira, se fundido. Ele era conhecido como "Marcos da empresa X" (você não quer ser o "fulano da empresa X", mas vamos falar disso mais para a frente). Ele se sentia seguro e insubstituível.

E, por esse motivo, achou que não precisaria pensar – nem sequer imaginar – em uma vida fora da empresa. Marcos não estudou inglês, não fez aquela pós-graduação que sempre deixava para "o ano que vem", não se dedicou a nenhuma outra atividade ou a qualquer coisa além de entregar um bom trabalho no lugar em que estava. O resto da história você já sabe: em uma venda inesperada e corte dos profissionais que tinham os maiores salários, ele foi demitido.

Na hora de atualizar o currículo que ele nem tinha – SEMPRE tenha o seu currículo atualizado –, a realidade bateu. Ele estava defasado em todos os sentidos imagináveis. Quando chegou até mim, Marcos estava desempregado havia dois anos, havia se mudado para um apartamento menor, pedido dinheiro emprestado para familiares, tirado os filhos da escola em que estudaram a vida inteira e mudado totalmente o estilo de vida que tinha.

Essa história também não é única, longe disso. Em meu trabalho como mentor, já recebi inúmeros relatos iguais ou bem parecidos com o de Marcos. Talvez, neste exato momento, você também tenha se lembrado de alguém que conhece, direta ou indiretamente, que está passando ou passou por algo semelhante. Isso acontece por muitos motivos, mas vou destacar dois. O primeiro e mais óbvio é o grave momento econômico pelo qual o país está passando. O segundo tem relação com **a falta de algo que é tão importante quanto nosso próprio emprego: um plano B.**

Estabilidade, como podemos ver na história de Marcos, é uma ilusão. Todos nós podemos, amanhã ou depois, receber aquele convite para a salinha do RH e encerrar a nossa história na empresa em que trabalhamos. Eu sempre falo: "Quando entendermos que cinco anos dedicados a uma empresa e uma demissão em cinco minutos podem acontecer no mesmo lugar, independentemente do que façamos, começaremos a nos dar conta de que o que importa é nossa carreira, e não nosso cargo ou nossa empresa atuais". Esse insight é libertador.

Precisamos estar preparados para essa situação, mas como? Mesmo com a energia voltada para nosso emprego atual e para outras tarefas do dia a dia, é preciso achar tempo para imaginar o que, às vezes, parece inimaginável: **o que eu faria se fosse mandado embora amanhã?** Se você acabou de fazer essa pergunta em sua cabeça e a resposta foi "não sei", é hora de arregaçar as mangas e começar a trabalhar. Você precisa ter um plano B. Como ele pode se materializar de maneiras diferentes, apresento alguns exemplos que eu mesmo usei no meu plano e outros que vi profissionais adotarem com impacto positivo em suas carreiras:

- **Invista em educação.** Deixe o seu inglês afiado mesmo que não o utilize no trabalho; faça uma pós-graduação, algum curso de interesse – que não precisa, necessariamente, ser na área em que você atua – ou até mesmo uma segunda graduação. Quanto mais bem preparado (e educado) você estiver, maiores serão suas chances de se recolocar rapidamente no mercado, na sua área ou em outra. É muito fácil a vida nos levar para uma situação em que paramos de estudar, aprender e fazer coisas diferentes; é preciso se sacudir de tempos em tempos para se lembrar da importância de transformar o aprendizado em algo presente durante toda a vida. (Não aprender inglês e não estudar são os dois maiores arrependimentos de um profissional; veremos isso no capítulo a seguir.)

- **Tenha projetos pessoais.** Lembra-se daquela vontade de empreender que sentiu lá no passado? Seja virar consultor, mentor, seja abrir uma papelaria ou qualquer outro empreendimento. Do que você precisaria para tirar sua ideia do papel se estivesse disponível amanhã? Ter o projeto pensado, desenhado, calculado e com os primeiros passos ensaiados em sua cabeça pode ajudá-lo a mergulhar nele mais facilmente quando precisar. Empreender tem sido a solução para milhares de brasileiros que não conseguiram se recolocar na crise que vivemos neste momento, e é uma opção a ser explorada.

- **Cultive um hobby.** A gente nunca sabe se ele pode se tornar um negócio no futuro. Conheci uma pessoa que fotografava por lazer e acabou largando uma carreira em marketing para se tornar fotógrafa profissional. Você gosta de marcenaria? De escrever? De ensinar? Pense em como isso poderia, um dia, se tornar sua profissão e o que seria preciso para fazer disso uma realidade; pesquise como os profissionais que trabalham com isso monetizam sua paixão. O hobby pode, facilmente, virar um projeto pessoal e ser a base para a vida de empreendedor.

- **Fortaleça seu networking.** Somos criaturas sociais e cooperativas, e isso também se aplica para o mundo profissional. Adicione os colegas de trabalho, clientes, parceiros e outros profissionais com os quais você interage no dia a dia à sua lista de contatos; saiba quem são os profissionais de referência da sua área – e de áreas em que gostaria de trabalhar um dia – e siga-os nas redes sociais (interaja com eles se tiver oportunidade). Cada relação que temos profissionalmente com alguém é uma chance genuína de criar uma conexão e deixar uma porta aberta. Esse assunto é tão importante que ganhará destaque em um capítulo mais à frente.

■ **Tenha uma reserva financeira.** Umas das formas mais fáceis de implementar seu plano B é ter uma reserva financeira que lhe dê certa paz de espírito para pagar as contas enquanto estiver desempregado ou que possa até mesmo ser usada para empreender, estudar ou começar um projeto. Sei que, com os salários de algumas categorias tão baixos, talvez não seja a realidade de muitos ter esse colchão financeiro, mas muita gente que pode não o faz e deveria. Se puder, pense que o amanhã é um grande ponto de interrogação para todos nós. Poupe.

Essas são apenas algumas ideias do que você poderia fazer e que precisa considerar. Há muitas outras maneiras de ter um plano B consistente para os dias difíceis ou para quando você quiser dar uma guinada no que faz hoje. Seja pelos estudos, pelo empreendedorismo, por cultivar um hobby ou pelas conexões que você constrói, tenha um plano alternativo para a sua carreira. Como vimos na história do Jorge (que recebeu uma boa oferta de emprego do concorrente, mas foi convencido a recusá-la por seu gerente, que, tempos depois, foi para a empresa em questão), o amanhã pode ser bem diferente do que pensamos e planejamos. Ele pode ser o fim da sua história atual e o começo de outra. Ele pode ser o primeiro dia em que você pulará para dentro do seu plano B. E você só poderá fazer isso se ele estiver lá. Comece a desenhá-lo.

Construindo uma nova carreira

Lembra, no capítulo anterior, quando falamos sobre estar no lugar errado? Um dos pontos mais comuns que profissionais de todas as áreas e idades compartilham comigo é a própria insatisfação com a carreira atual. Com essa demanda, vem o desejo de encarar a famosa – e cheia de tabus – transição de carreira. Alguns não sabem para onde ir, outros têm uma leve ideia do que querem, e poucos já têm certeza disso. Contudo, há uma dúvida comum a todos, independentemente do momento que estejam vivendo: como iniciar essa transição?

Não tenho dúvidas de que existem muitas maneiras de fazer isso (ter o plano B, sobre o qual acabamos de falar, é uma delas), mas a que vou compartilhar aqui é a que tem funcionado para mim. Antes de contar meu "segredo", darei um rápido contexto de quem eu era e de quem sou hoje. Imagine uma pessoa ansiosa e imediatista. Conseguiu? Agora, multiplique por 10 e vai chegar perto de como eu era e me sentia. Eu cruzava a cidade para comprar algo que queria muito, como já fiz para adquirir um par de tênis uma vez, mesmo pagando mais caro do que se tivesse esperado por uma entrega que levaria dias.

Em suma, queria tudo para agora, e esse era um pouco do comportamento que eu também tinha no trabalho. Com o tempo e algumas rasteiras da vida, eu mudei. Não só mudei; hoje, sou um grande apreciador dos investimentos de longo prazo e embaixador ferrenho da ideia.

O que eu quero dizer é: tenha paciência para construir sua nova carreira aos poucos. Vou usar uma metáfora para ilustrar melhor. Uma casa simples é composta de cerca de 2 mil blocos. Todos sabemos que colocar uma casa de pé é um trabalho hercúleo, mas esse mesmo trabalho feito aos poucos, dia após dia, pode ser executado de maneira bem mais fácil e com resultados impressionantes. Considerando que um ano tem 365 dias, se empilharmos cinco ou seis blocos por dia todos os dias, teremos uma casa ao fim de um ano, um sobrado ao fim de dois anos e um castelo em uma década.

Eu já construí o meu sobrado. Contei anteriormente que trabalho no mercado de tecnologia há mais de vinte anos e como executivo de vendas faz um pouco mais de uma década. Gosto do meu emprego, mas, cada dia mais, sei que minha missão é ajudar outras pessoas a ter satisfação no trabalho e com a carreira. Como eu vivo em uma grande dualidade, ainda apreciando o mundo CLT e com uma coceira para encarar minha missão de peito aberto, decidi que empilharia alguns blocos, todos os dias, para construir minha futura casa. Faz quase quatro anos que escrevo diariamente sobre carreira, liderança e histórias reais do mundo corporativo.

Além de escrever, dou aulas e *masterclasses* esporádicas para alguns parceiros, criei um networking enorme, repleto de gente com interesses e negócios semelhantes aos meus, e alcancei alguns feitos que nunca imaginaria que pudessem vir de algo em que invisto apenas um pouco da minha energia diária: fui eleito Top Voice no LinkedIn ano passado, bati a marca de 400 mil seguidores nas redes sociais, sou conselheiro de uma empresa de educação e tenho uma coluna em uma revista de prestígio como a *HSM Management*. E só mencionei aqui um pouco do que conquistei, tudo isso acrescentando apenas alguns blocos por dia, todos os dias, com a mesma seriedade que aplico a meu emprego atual.

E quer saber? Não tem nada de diferente em mim, não sou um gênio, fora da curva, acima da média ou especial por ter conseguido tudo isso. Eu só coloquei em prática algo que descobri, e foi um dos insights mais simples e incríveis que tive nos últimos tempos: **o poder de criar algo grandioso aos pouquinhos, passo a passo e bloco a bloco.** Controlei a ansiedade e o imediatismo e, hoje, não mais atravesso a cidade para comprar o que quer que seja quando há outra possibilidade mais benéfica para mim de adquirir o mesmo item.

Finalizo esse pensamento com uma pergunta: o que você gostaria de construir daqui um, dois, cinco ou dez anos? Quer uma casa, um castelo ou até mesmo uma cidade? Se sim, está na hora de começar essa construção. Mãos à obra.

3

CAPÍTULO 3
APRENDA COM QUEM CHEGOU ANTES

"Se cheguei até aqui foi porque me apoiei no ombro dos gigantes." - Sir Isaac Newton[6]

Sempre fui muito curioso e talvez por isso tenha encontrado inspiração ao conversar com os profissionais que trabalharam comigo, e que eram mais experientes, sobre suas histórias. Eu me lembro de um líder incrível para o qual eu me reportei por anos quando trabalhava no UOL bem no começo do boom da internet, o Jan. Pessoa maravilhosa, trocou

---

6 Trecho de uma carta de Sir Isaac Newton para Robert Hooke, de 5 de fevereiro de 1676, baseado em uma metáfora atribuída a Bernardo de Chartres. (NEWTON, I. **Pensador**, 2005-2021. Disponível em: https://www.pensador.com/frase/MTMwMjY/. Acesso em: 20 ago. 2021.)

a Noruega pelo Brasil e sempre compartilhava suas experiências comigo. Ele me contou como saiu da Europa para ir para os Estados Unidos trabalhar com qualquer coisa que aparecesse, como foi importante ter aprendido inglês, as decisões que tomou, o que funcionou e o que deu errado. Ele foi um amigo fantástico logo no começo da minha carreira que me fez ver mais longe do que eu poderia imaginar. Foi também o primeiro a me incentivar a buscar a fluência no inglês – e até corrigia minhas lições – e nunca deixar de estudar a língua, algo que viria a ser crucial para minha carreira.

Sei que nem todo mundo tem a sorte de ter por perto um profissional experiente e disposto a dividir suas conquistas e seus fracassos, mas realmente acredito que a maioria das pessoas gostaria de compartilhar suas histórias se o espaço existir e as perguntas certas forem feitas. Para colocar isso à prova, realizei outra consulta com meus leitores a fim de descobrir que reflexões faziam sobre a própria carreira e quais conselhos dariam a si mesmos se pudessem voltar no passado.

A imagem contém a resposta de 466 profissionais – de idades, experiências e profissões diferentes – que participaram da consulta respondendo à seguinte pergunta: "**Que conselho você daria a si mesmo no começo de sua carreira?**". O tamanho de cada palavra é proporcional ao número de vezes que ela apareceu nos textos. Quanto maior, mais vezes esteve presente.

Observei essa imagem por um longo tempo, tentando achar alguma relação entre tantas palavras soltas. A princípio, elas parecem não fazer sentido, mas, após algum tempo, começam a se conectar e a criar frases curtas, pequenas histórias e até depoimentos completos. Dá para deixar a imaginação ir longe e se achar e se perder muitas vezes dentro desse mar de palavras.

Ler tudo isso e resumir em onze conselhos para quem tem interesse em desenvolver sua própria carreira levando em consideração a vivência de quem veio antes foi um desafio gigantesco. Somando os anos trabalhados de todos os profissionais que colaboraram com a consulta, são 7.551 anos de experiência no total. Gastei dias para digerir todo o conteúdo e ordená-lo pelos temas que mais apareceram – as dores de todos esses profissionais incríveis que deram uma bela olhada para trás e compartilharam com o mundo suas maiores lições. Escrevi esses conselhos, que são pontos-chave na construção de carreira, da maneira mais crua possível, como se fossem aqueles que recebemos de um conhecido em uma conversa no cafezinho ou em uma mesa de bar. Para cada tema, além de uma rápida análise, adicionei um comentário dos participantes que tenha me chamado a atenção:

Conselhos de quem já caminhou

Aprenda inglês

> "Só depois que perdi a primeira oportunidade, entendi a importância do inglês."

Aprender inglês foi o conselho que mais apareceu nos depoimentos. Histórias de oportunidades conquistadas ou perdidas, arrependimentos e muitos depoimentos sobre a importância de ter domínio dessa língua. O conselho é claro: estudar e aprender inglês é de extrema relevância não só para sua carreira mas também para sua vida como um todo. **Nunca é tarde para aprender.**

Nunca pare de estudar

> "Depois de ser demitido de um emprego no qual fiquei por vinte anos, percebi a dura realidade: eu estava totalmente desatualizado."

Estude, estude e estude. O mundo vai mudar, você pode ser demitido, o seu cargo pode ser extinto, e muitas outras coisas que nem imaginamos vão acontecer nesse futuro cada vez mais presente. E, para não ser pego desprevenido, só há uma saída: estudar. Seja uma pós-graduação, uma extensão, outro idioma, programação, pintura, escrita – qualquer coisa que o mova e que você tenha vontade de fazer. São centenas de opções, e todas convergem para um lugar: o estudo.

Trabalhe com o que ama

> "Siga o seu coração; dinheiro é consequência de um trabalho bem-feito, de algo que o faz feliz. Procure um emprego que o faça gritar com satisfação: a segunda-feira chegou!"

Não encontre apenas um trabalho, ache uma paixão. Fiquei impressionado com o número de pessoas arrependidas por terem escolhido uma profissão apenas pela razão, pelo salário ou pelo conselho dos outros ao seu redor. Claro que não dá para viver de paixão, mas concordo muito com o comentário de um dos participantes da consulta: "Quando amamos o que fazemos, seremos um dos melhores naquela profissão, e o dinheiro é consequência disso".

FICAR SE COMPARANDO COM OS OUTROS PODE LEVAR A DECISÕES ERRADAS E A MUITA FRUSTRAÇÃO COM SUA ESCOLHA PROFISSIONAL NO FUTURO.

Pense em você

> "Você não é a empresa para a qual trabalha."

Algumas pessoas apenas aprendem essa lição de maneira bastante dura: quando são demitidas após muitos anos de fidelidade ao empregador. O profissional era a referência no cargo, ganhou prêmios, foi reconhecido por todos, ficou anos na função e, um dia, a porta se fecha. Quando isso acontece, tirar aquela camisa da empresa vestida por tantos anos – que já tinha praticamente virado uma tatuagem – é doloroso e traumático. Claro que podemos e devemos gostar da empresa na qual trabalhamos, mas ela nunca deve se misturar e se fundir com nossa personalidade. De novo: você não é a empresa para a qual trabalha.

Não deixe de aprender com os outros

> "Aprenda com os outros."

Esse conselho é importantíssimo. Temos sempre que ter em mente que as pessoas ao nosso redor têm muito a nos ensinar. Os mais velhos, os mentores, a nossa rede de amigos e contatos profissionais – todos eles têm alguma lição valiosa a nos deixar. Nunca podemos perder a humildade de saber que temos muito, muito ainda a aprender. "Faça muitas perguntas, mostre que você quer aprender", comentou um dos participantes.

Seu caminho, sem comparações

> "Busque o que você gosta desde o primeiro dia e não dê ouvidos a outras pessoas. Só você pode escolher o seu caminho."

Cada um tem **seu tempo, suas motivações, seus valores e suas habilidades.** Ficar se comparando com os outros pode levar a decisões erradas e a muita frustração com sua escolha profissional no futuro. Gaste tempo para escutar a si mesmo e o que quer. Apesar de ser importante sempre conversarmos com colegas, amigos, parentes e profissionais com mais experiência, **é você quem vai carregar o peso de uma boa ou de uma má escolha no futuro,** não eles.

Vença seus medos

> "Não tenha medo, corra atrás dos seus sonhos e ignore aqueles que duvidam de você e de sua capacidade."

O medo apareceu bastante nos comentários da consulta: medo de perguntar, de fazer escolhas e ter de arcar com as consequências de tentar de novo, de trocar de emprego e, principalmente, de errar. Não só errar, mas errar e saber que podem julgá-lo por isso. Sabe uma coisa que aprendi? Se você fizer algo, vão julgá-lo. Se não fizer, vão julgá-lo também. Vão julgá-lo de qualquer maneira, então vai com medo mesmo. Tenha coragem para viver e coragem para construir a carreira que você quer, não a que os outros querem.

Cometa erros

> "Errar é humano. Seja humilde. Reconheça seus erros e aprenda com eles."

Errar faz parte da vida e, quer queira, quer não, você vai errar. O segredo não é nunca errar, mas descobrir o que você pode aprender com esses erros para crescer e se preparar melhor caso tenha que enfrentar uma situação semelhante no futuro. **Errar é acumular experiência.** E o verbo que vem de mãos dadas aqui é "arriscar". Arrisque mais, principalmente no começo da carreira. É preferível se arrepender das coisas que fizemos do que das que não tivemos coragem de fazer.

Aceite a mudança, crie a mudança

> "Calma, sua carreira vai mudar umas dez vezes durante a sua trajetória profissional."
> "Quando perceber que já não existe mais vontade de ir trabalhar, mude a direção de sua vida. Eu demorei muito a entender isso."

Existem duas coisas que temos que saber sobre mudança. A primeira é que ela vai acontecer independentemente da nossa vontade; é algo que não está no nosso controle – temos apenas a ilusão de que está. A segunda é que teremos que criar a mudança quando a realidade não acomodar o que queremos. Não está feliz no trabalho? Não era isso que queria para sua vida? O chefe novo (ou o antigo) não o agrada? Provoque a mudança.

Experimente muito

> "Não se preocupe em ganhar tanto dinheiro no começo; estagie bastante, trabalhe em diversas áreas e empresas para depois saber do que realmente você gosta."

O começo da nossa carreira é o momento ideal para experimentarmos. Quando eu tinha 18, 19 anos, eu não sabia bulhufas do que queria fazer no futuro e tive a sorte de a vida me colocar em uma trajetória na qual pude ter diversas experiências – muitas delas por escolhas que eu mesmo fiz. Você não precisa ter certeza do que vai fazer ao começar sua carreira. Permita-se experimentar e descobrir do que gosta (e do que não gosta).

Tenha um objetivo

> "Tenha foco e saiba aonde quer chegar."

Por fim, muitos também trouxeram a importância de ter um objetivo definido – que pode até ser o de experimentar algumas coisas – e focá-lo. Não é necessariamente um planejamento – já falamos sobre isso no capítulo anterior –, mas, sim, um norte de onde se quer chegar. Persistência é a palavra de ordem em um mundo repleto de distrações.

Estudar, lidar com o medo e com o risco, pensar em si mesmo, encarar a mudança, entre outras sugestões apresentadas aqui, são reflexões que todo profissional precisa fazer e, quanto mais cedo isso acontecer, melhor. Aprendi muito e refleti bastante no processo de organizar todos esses conselhos. Tenho certeza de que alguns deles, se não todos, também servirão para você.

Contudo, quero complementar essa lista. Apesar de não chegar nem perto dos mais de 7 mil anos de experiência do grupo acima, tive uma carreira bem intensa e que me proporcionou muitos aprendizados, principalmente quando passei a olhá-la em retrospectiva e analisar todas as lições que recebi ao longo do caminho. Eu aprendo melhor por meio de histórias e, agora, vou apresentar três que me marcaram profundamente, me ensinaram e ampliaram minha perspectiva de maneira muito positiva. Vamos lá:

Currículo é o que você é

Sabe aquela atividade que você não tem certeza se deveria ou não colocar no currículo? Talvez um curso de teatro que fez por anos, uma exposição fotográfica que conseguiu no seu tempo livre, um trabalho em uma ONG ou o período que passou na empresa da família. Eu sempre aconselho todos a adicionar no currículo esse tipo de experiência, mesmo que seja algo totalmente fora da sua área de atuação. As empresas estão cada vez mais entendendo que pessoas plurais em interesses – outro tópico sobre o qual falaremos mais adiante – podem agregar uma série de benefícios ao time. Não só isso; nós nunca sabemos quando algo que fizemos pode ser importante para uma oportunidade futura.

No fim dos anos 1990, quando eu estava no último ano do curso de Letras, comecei a procurar emprego na área e montei meu primeiro currículo profissional. A ideia era mandar para os maiores jornais e as grandes revistas da época com a intenção de achar algum cargo de revisor ou redator júnior, algo que tivesse relação com o que estava cursando na faculdade e que achava que seria minha profissão.

Quando a primeira versão do meu currículo ficou pronta, pedi ao meu irmão que desse uma olhada. Depois de ler tudo, ele perguntou por que eu não havia colocado que sabia configurar modem e e-mail e acessar a internet – algo que ele tinha recentemente me ensinado (acredite, essas eram habilidades "especiais" naquela época). Relutei um pouco, já que isso não tinha nada a ver com o que estava procurando, mas ele insistiu em dizer que era importante e que eu deveria adicionar aquelas habilidades. Cedi e comecei a enviar os currículos.

Algumas semanas depois, fui chamado para uma entrevista em uma empresa chamada Universo Online (UOL), um projeto recém-lançado do Grupo Folha. Era para trabalhar, segundo eles, com internet e, na minha primeira entrevista, uma pessoa do RH trouxe meu currículo impresso, deixou-o na mesa e saiu da sala para pegar alguma outra coisa. Dei uma espiada e vi algumas marcações com caneta marca-texto e uma anotação no rodapé da folha: "Sabe navegar na internet e configurar modem/e-mail".

Depois de algumas entrevistas, consegui um cargo para trabalhar como analista de suporte técnico júnior, ajudando os anunciantes a se conectar à internet. Ter entrado no UOL foi decisivo para toda a carreira que construí na indústria de tecnologia, e até hoje me pergunto onde eu estaria se não tivesse colocado essas informações no meu currículo.

Hoje, sei que tudo o que fazemos e aprendemos nos servirá para alguma coisa, e não devemos esconder isso. É o que sempre digo: **currículo é lugar de colocar quem somos, não apenas o que queremos.**

Não seja seu próprio não

> "Se alguém te oferecer uma oportunidade incrível, mas você não tem certeza de que consegue fazer, diga sim – e depois aprenda como fazer." – Richard Branson[7]

Mais ou menos dois anos depois que entrei no UOL, eu já dominava tão bem o trabalho que tinha alguns espaços livres durante os atendimentos. Eu aproveitava esse tempo para estudar um pouco de HTML, JavaScript e Flash, linguagens de programação para desenvolver páginas da internet na época. Meu sonho era um dia sair do *call center* e ir para a área de conteúdo da empresa, trabalhando como webmaster.

Um dia, quando eu ainda estava longe de estar preparado, uma colega comentou que tinha aberto uma vaga de webmaster. Era para trabalhar exatamente na parte de conteúdo, a área mais nobre da empresa. Tudo lá era melhor: salário, escritório, equipamentos. Mas o mais incrível era ter a chance de trabalhar com os pioneiros da internet no Brasil. Só gente fera.

Fiquei em um grande dilema: deveria me candidatar à vaga? Achava que era um sonho quase impossível; eu era formado na área de humanas, e a minha única experiência eram as páginas (bem amadoras) que eu havia criado para ajudar o time de comunicação do *call center*, além dos meus estudos picados. Eu só sabia o básico. Tomei coragem e me candidatei mesmo assim.

Fiz uma prova de conhecimentos gerais, na qual passei no limite de pontos, arrastado, mas o gerente da vaga gostou

---

[7] BRANSON, R. **Pensador**, 2005-2021. Disponível em: https://www.pensador.com/autor/richard_branson. Acesso em: 21 ago. 2021.

de mim e fui para a entrevista técnica com o webmaster sênior do time. Ele fez algumas perguntas, passou alguns exercícios e percebeu que eu ainda estava muito cru para o que precisavam. Contudo, olhou para mim, olhou para a tela dos exercícios e falou: "Você acha que consegue aprender rápido essas coisas? A gente precisa de alguém para já". Eu, parecendo uma criança prestes a ganhar uma bola, disse um caloroso sim e que me dedicaria ao máximo. Consegui a vaga.

Alguém apostou no meu potencial para fazer um trabalho que eu ainda não sabia bem, e tive, sim, um pouco de sorte nesse ponto, mas teve outra pessoa que apostou em mim antes dele: eu mesmo.

Eu poderia ter olhado para a descrição da vaga e decidido não me candidatar. Poderia ter olhado para o time com o qual trabalharia e pensado que eu não era bom o suficiente. Eu tinha muitos motivos para não me candidatar à vaga, mas me candidatei. Foi com esse caso que aprendi algo que aumentou drasticamente as minhas chances de conquistar tudo o que conquistei até hoje: **não seja seu próprio não.**

Não existe oportunidade perdida, apenas adiada

Depois de alguns anos trabalhando na área de conteúdo do UOL, eu estava mais apaixonado do que nunca pela empresa. Apesar de gostar muito de trabalhar lá, já estava havia um bom tempo no cargo de webmaster e matutando sobre qual seria meu próximo passo. Então o melhor dos cenários surgiu: uma vaga para trabalhar com um produto recém-lançado de anúncios na busca do UOL, inspirado nos anúncios da busca do Google. A vaga era perfeita para mim: precisava ter inglês avançado, formação na área de comunicação e experiência com internet – eu tinha tudo isso e um pouco mais. Pedi autorização para meu gerente, o que significava passar por pelo menos uma entrevista, atualizei meu currículo e me candidatei à vaga.

Algumas semanas depois, para minha surpresa, anunciaram que uma pessoa interna fora aprovada no processo seletivo. Eu nem sequer havia sido chamado para um primeiro papo, que era protocolo, e fiquei sem entender o que havia acontecido. Fui até a mesa do meu gerente perguntar se ele tinha mudado de ideia sobre minha participação, o que ele negou, dizendo que tentaria descobrir o que ocorrera. No fim do dia, ele me chamou na sala dele e deu a notícia de bate-pronto: "O time de recrutamento se esqueceu de colocar seu currículo no processo".

Fiquei absolutamente furioso e sem chão por não ter sido considerado. Essa foi a primeira vez que fui chorar no banheiro do trabalho (mas não foi a última), não apenas porque eu queria muito a vaga, mas porque acreditava que tinha muitas chances de consegui-la se tivesse participado do processo.

Quando meu luto pelo que tinha acontecido já estava passando, fiquei sabendo que um colega de outro andar havia ido trabalhar em uma empresa que eu nem imaginava que estava operando no Brasil: o Google. Entrei no site deles para verificar se tinham vagas abertas, vi uma vaga que era IGUAL à vaga a que eu queria ter concorrido internamente e decidi me candidatar a ela. Dez longas e difíceis entrevistas depois, fui aprovado.

Eu era um apaixonado por trabalhar no UOL e nunca havia considerado sair de lá até a história do processo em que fui esquecido. É irônico dizer que não ter conseguido algo que eu queria muito tenha me impulsionado a olhar para o mundo de fora e ver que ele também é cheio de oportunidades, algumas mais incríveis do que imaginamos.

Esse evento mudou minha vida. Foram onze anos trabalhados no Google que me moldaram como profissional, nos quais aprendi a ser líder, conheci pessoas maravilhosas, e eu só sou o que sou hoje por ter tido o privilégio de estar lá.

Essa história me trouxe dois ensinamentos. O primeiro é que **não existe oportunidade perdida, apenas adiada. Oportunidade é uma constante na vida.** O segundo, que foi brilhantemente colocado em uma frase pelo Dalai Lama, é que **"às vezes, não conseguir o que você quer é um verdadeiro golpe de sorte"**.

Como vimos neste capítulo, os profissionais que vieram antes de nós têm muita história para contar. São histórias repletas de conteúdo, decisões tomadas, situações desafiadoras, processos desenvolvidos, perspectivas e experiências sobre o que está por vir em nossa própria carreira. Aprender com os que percorreram esse caminho antes de nós é uma das maneiras mais poderosas de lidar com o que vamos nos deparar adiante.

É bem provável que todas essas pessoas experientes, em algum momento, tenham chegado à conclusão de que é preciso ser egoísta com relação à própria carreira – e vamos falar mais sobre esse tipo de egoísmo no capítulo seguinte.

SE VOCÊ FIZER ALGO, VÃO JULGÁ-LO. SE NÃO FIZER, VÃO JULGÁ-LO TAMBÉM. VÃO JULGÁ-LO DE QUALQUER MANEIRA, ENTÃO VAI COM MEDO MESMO. TENHA CORAGEM PARA VIVER E CORAGEM PARA CONSTRUIR A CARREIRA QUE VOCÊ QUER, NÃO A QUE OS OUTROS QUEREM.

CAPÍTULO 4
SEJA EGOÍSTA COM SUA CARREIRA

Neste capítulo, vou desafiar você a pensar um pouco mais profundamente sobre o que acredita ser verdade no mundo corporativo e vou trazer casos e histórias para reflexão. Tenho trabalhado o conceito de ser egoísta com a própria carreira há alguns anos e sempre soube bem a mensagem que quero transmitir para as pessoas acerca disso, mas nunca havia parado para pensar em como os outros a interpretam. Dias atrás, uma leitora me escreveu: "Há um bom tempo, quando li sobre esse conceito (ser egoísta com a carreira) pela primeira vez, eu percebi uma realidade que estava completamente escondida em mim. Eu acreditava que era ruim trocar de emprego e querer algo melhor".

Ela foi brilhante na descrição! Esse é o sentimento que muitas pessoas me trazem nas sessões de mentoria e nos comentários dos meus textos sobre o tema. Existe uma realidade que está escondida em você e de você. Quero que termine a leitura deste capítulo com a perspectiva ampliada sobre o que significa focar sua carreira, o que é certo e errado nesse processo, o tal do "sentimento de dono", como olhar para oportunidades que aparecem e sentir menos, muito menos culpa quando decidir fazer algo para seu próprio benefício – mesmo que isso cause a ilusão de que está "traindo" seu empregador e indo contra o senso comum.

Na introdução do livro, falei brevemente sobre pensarmos pouco a respeito de como lidar com nossa carreira. Lembra-se da história do Jorge, que recusou uma proposta incrível para ficar na "família" e se arrependeu amargamente depois ao ver seu chefe ir para uma oportunidade no mesmo lugar para o qual havia sido chamado e abandonar a tal "família"? Jorge não entendia essa realidade que estava escondida dentro dele e deveria ter sido bem mais egoísta com sua carreira. Quando não nos colocamos no centro do que é mais importante, acabamos vítimas de apatia, acreditamos em ideias preconcebidas, mitos, lições tortas, no que os outros esperam que façamos. Tomamos decisões erradas, não tomamos as necessárias e ficamos reféns de um círculo vicioso que causa muita infelicidade em nosso trabalho. É hora de ressignificar algumas dessas ideias, aprender novas e abandonar as que não servem mais.

DÊ O SANGUE POR VOCÊ

Na época em que eu escrevia este livro, publiquei o seguinte pensamento nas minhas redes sociais:

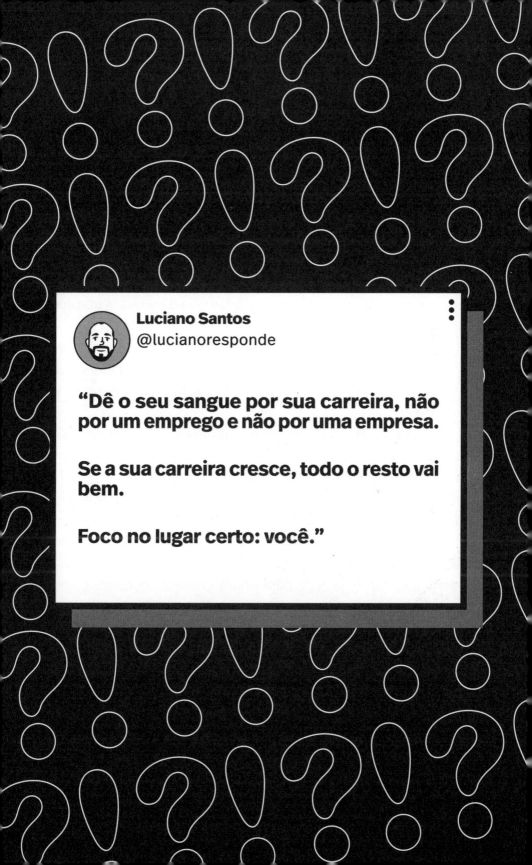

Apesar de essa publicação ter ultrapassado 1 milhão de visualizações e dezenas de milhares de curtidas e comentários de apoio e reflexões positivas, alguns leitores ficaram horrorizados com ela. Recebi mensagens, comentários e ataques dizendo que eu estava incentivando as pessoas a ser menos, a não se entregar ao trabalho, a ser rebeldes (essa eu achei engraçada) e até que minhas ideias eram perigosas.

Veja bem, eu não falei que o trabalho não é importante, que não se deve ter respeito pela empresa onde se trabalha nem que você não deve ser o melhor profissional possível para seu empregador (deve!), apenas disse que **o foco tem que ser você**. Se investirmos em nossa carreira, aprendermos, nos desenvolvermos e nos colocarmos em primeiro lugar, seremos, então, profissionais melhores, mais bem preparados, e isso impactará nosso trabalho atual. Ganha você e ganha a empresa.

Contudo algumas pessoas já foram tão entorpecidas por ideias cristalizadas de como deve ser a postura no emprego que nem sequer querem escutar algo que questione esses ensinamentos. Temos que "vestir a camisa", ter "sangue nos olhos", "sentimento de dono", "estudar/trabalhar enquanto eles dormem", "apagar as luzes", "colocar a empresa em primeiro lugar" e mais um montão de frases de impacto que não necessariamente fazem sentido para o mundo em que estamos agora e para o qual estamos caminhando.

Trabalho é uma relação de parceria, não de subordinação. Temos que olhar para a relação trabalhista de maneira prática, como uma troca honesta em que damos o que temos de melhor em troca de benefícios e salários (também aprendizado, crescimento etc. dependendo do estágio em que você estiver em sua carreira). Quanto mais equilibrada essa relação, melhor para todos os profissionais. Agora, algo muito importante: quanto mais bem preparado profissionalmente você estiver, mais chances terá de escolher onde quer estar e de ter um relacionamento equilibrado com seu empregador. Por qualquer ângulo que você olhe para a questão de se colocar como prioridade, todo mundo ganha.

Não quero dizer aqui que não é possível focar um trabalho/empresa e achar crescimento, desenvolvimento e fortalecimento profissional. É possível, sim, claro, mas é preciso lembrar que vamos trocar de emprego múltiplas vezes no decorrer de nossa carreira. Algumas vezes, por opção própria, outras, por opção do empregador – **empregos vão, e a nossa carreira fica**.

A quantidade de anos que passamos em um mesmo emprego não é mais a única medida de sucesso; na verdade, ela é cada vez menos importante. Indo além, já existem algumas indústrias em que ter muitos anos em uma mesma empresa e cargo é até interpretado de maneira negativa, principalmente se a pessoa não aprendeu nem teve experiências plurais durante o tempo que esteve neles. Nós não vivemos mais no mundo dos nossos pais.

SEU CRACHÁ É APENAS EMPRESTADO

Uma colega me contou de uma mensagem que recebeu há algum tempo via LinkedIn. Um antigo vice-presidente de empresa com quem trabalhou anos antes, quando ainda era uma analista, procurou-a para dizer que não estava em um bom momento profissional. O VP saíra da empresa em que eles trabalharam juntos havia alguns anos e, desde então, entrara em um projeto furado atrás do outro, não se encontrando mais em sua carreira.

Estava desanimado, sem saber direito como pedir ajuda. Ela me contou que ele era uma figura fortíssima e influente, ficou muitos anos na empresa e era respeitado por sua inteligência e presença. Lá estava ele, agora, pedindo ajuda e perdido. Minha colega quase não podia acreditar que aquele era o mesmo profissional incrível que ela tinha conhecido.

Esse caso ilustra bem como as nossas certezas de hoje são apenas uma ilusão e que um emprego, uma posição de poder e um crachá do qual nos orgulhamos não são permanentes, e um dia teremos que deixá-los. Em um dia, estamos no topo sendo admirados; no outro, esquecidos, atualizando o currículo. Não ache que isso nunca pode acontecer com você, porque pode. Um dos objetivos deste livro é garantir que você entenda toda a dinâmica do mundo corporativo para estar mais bem preparado e, assim, evitar que situações como essa aconteçam.

Reforço: não seja sua empresa, seu cargo ou seu crachá. Essas são apenas fantasias temporárias que vamos vestir e tirar um dia. Tiraremos por vontade própria ou serão tomadas de nós por alguém. Saber que essas são coisas que nunca nos pertenceram torna o processo todo menos traumático. É o que acontece com seu crachá. Ele é apenas emprestado, um dia você terá que devolvê-lo. Assim, sempre pense em você. **Sua carreira não é um crachá, e ninguém a pedirá de volta.**

VESTIR A CAMISA DA EMPRESA?

Trabalhei por muitos anos com um profissional que vestia a camisa da empresa, literal e metaforicamente. Não só vestia a camisa como era obcecado pelo trabalho e focava toda a sua energia nele. Você já deve ter conhecido alguém parecido; ele era aquele sujeito com presença constante no escritório, não importava a hora. Se tivesse um evento, ele estava lá. Happy hour, não perdia um. Seus posts nas redes sociais eram apenas matérias e coisas relacionadas ao trabalho. Ninguém ousava fazer qualquer tipo de crítica à empresa na frente dele.

VOCÊ NÃO É A EMPRESA EM QUE TRABALHA E NUNCA DEVE SER. SER PROFISSIONAL NÃO SIGNIFICA SE DEDICAR À EMPRESA A PONTO DE NADA MAIS IMPORTAR.

Ele, inclusive, e por mais irônico que pareça, trabalhava todos os dias, de segunda a sexta-feira, vestindo camisetas da empresa, que eram distribuídas abundantemente. A "relação" dele com a empresa era tão profunda e intensa que as pessoas o conheciam apenas como "fulano da empresa tal". Com o tempo, sua identidade passou a ser totalmente dependente do lugar em que trabalhava.

Um dia, por algo fora de seu controle, foi demitido. O mundo dele caiu.

Eu não era gerente dele, mas o conhecia, e conversamos. Ele me disse que não sabia o que faria e que o emprego era tudo para ele. Abracei-o, disse que ficaria tudo bem e me coloquei à disposição para ajudar como pudesse. Mesmo após sair da empresa, ele demorou para atualizar essa informação no seu perfil no LinkedIn e ficava perguntando para os colegas o que estava acontecendo no escritório. Chegamos ao ponto de pedir às pessoas que parassem de fornecer informações a ele a fim de que ele pudesse seguir com sua vida. Um dia, ele removeu de suas redes todas as pessoas que havia conhecido na empresa e desapareceu.

Sei que esse caso é um pouco extremo, mas muita gente cultiva, em intensidades diferentes, relações não saudáveis com o lugar em que trabalha, e temos que ficar atentos ao fato. Já vi tantos profissionais trabalhando por incontáveis fins de semana, já vi pais e mães chorarem em sessões de mentoria por não terem tempo de qualidade com seus filhos, já ouvi gente confessando que repetiu o ano na faculdade por trabalhar doze, treze horas por dia. Sim, às vezes teremos que colocar um pouco mais de energia no trabalho, mas isso deve ser exceção, não regra. Quando é regra, o equilíbrio se perdeu.

Esse caso me ensinou uma coisa: você não é a empresa em que trabalha e NUNCA deve ser. Ser profissional não significa se dedicar à empresa a ponto de nada mais importar. Entenda isso e entenda também, como já falamos mais de uma vez aqui, que todo trabalho acaba, e as coisas mudam. **Seja bom, produtivo e profissional onde estiver e em tudo o que fizer, só não seja o "fulano da empresa tal". Seja você.**

TESTE SUA EMPREGABILIDADE

Uma vez sugeri a um leitor que ele participasse de processos seletivos de tempos em tempos para testar sua empregabilidade. Logo apareceu uma recrutadora absolutamente possessa comigo (acho que vocês já perceberam que muitas pessoas ficam bravas comigo, né?) porque eu estava incentivando as pessoas a fazer os recrutadores perderem tempo e aquilo era um absurdo. Talvez ela estivesse em um momento ruim, com muito trabalho ou mesmo presa a um conceito ultrapassado de recrutamento, porque não faz sentido – nem mesmo para ela – que não saibamos em que pé estamos no mercado de trabalho. Você precisa saber como anda sua empregabilidade, qual é sua performance em entrevistas, o que está sendo perguntado na sua indústria e, se der sorte, ainda pode receber um bom feedback do seu desempenho.

Na indústria tecnológica, na qual atuo, esse tipo de comportamento já é comum. Os profissionais até conversam abertamente sobre o assunto, falando das empresas em que participam de processo seletivo, salários e benefícios. Os recrutadores entendem que o trabalho deles não é apenas transacionar uma vaga, mas criar relacionamento com profissionais que, mesmo que não aceitem uma vaga agora e estejam lá só por curiosidade, podem ser bons e sérios candidatos no futuro. Sai o pensamento de transação e entra o de relacionamento com os candidatos. Vejo esse processo como uma grande oportunidade para ambos se conhecerem mais profundamente.

Outro ponto é que nunca sabemos o que vamos encontrar ao entrar em um processo de seleção. Já vi muitos colegas irem dar uma espiadinha em algum lugar e não voltarem mais, mas o caso de que mais me recordo é o de um mentorado. Com muitos anos de empresa, ele me procurou porque estava com medo de se tornar obsoleto e queria saber como podia se fortalecer profissionalmente para não deixar isso acontecer. Depois que tivemos uma longa conversa sobre sua trajetória profissional, perguntei qual tinha sido a última vez em que ele participara de um processo seletivo para se testar e se desafiar um pouco. Ele me observou com os olhos arregalados em uma feição de espanto como se eu tivesse lhe pedido que cometesse um crime e falou: "Mas eu estou feliz no meu trabalho, por que faria isso?".

Tive, com ele, essa mesma conversa que estou tendo com você aqui, usei os mesmos argumentos. Levou algum tempo até ele realmente desafiar esse pensamento cristalizado que tinha sobre se deveria ou não fazer o que eu havia sugerido. Depois, ele me confessou que sentia como se estivesse traindo seu empregador atual ao fazer isso – sentimento que já foi relatado para mim e que presenciei incontáveis vezes.

Por um período, não mantivemos contato, e eu não sabia se ele tinha ou não acatado minha sugestão até que, um dia, recebi uma longa mensagem dele no inbox de uma das minhas redes. Ele tomou coragem para participar de alguns processos depois que refletiu sobre o assunto e concordou que poderia ser uma experiência com a qual aprenderia muito. Contudo algo inesperado aconteceu. Em um dos processos do qual ele participou, acabou se encantando pela oportunidade, pela empresa e pelo projeto que poderia tocar que fez o impensado: aceitou a oferta.

Esse caso não é único; depois que eu o compartilhei com meus leitores, recebi inúmeras mensagens de pessoas que começaram a se testar um pouco mais no mercado. Uma delas, de uma leitora cuja vida foi tremendamente impactada, me marcou muito. Deixo aqui o testemunho dela:

> "Luciano, tudo bem?
> Envio esta mensagem para agradecer por escrever um post que mudou a minha vida! Você disse para procurarmos emprego mesmo estando empregados, e aquilo ficou na minha cabeça.
> Eu estava bem na empresa em que trabalhava, mas uma concorrente entrou em contato. Então pensei: ==Vou tentar. Se não der certo, pelo menos tenho um feedback do mercado sobre como posso melhorar.== Passei por todas as etapas, e, para minha surpresa, a empresa me ofereceu 40% a mais do que eu ganhava e, ainda, uma posição superior.
> Quando tomei a decisão de enfrentar um novo desafio e comuniquei isso ao meu chefe, adivinhe? Ele tentou me fazer uma contraproposta. Fui bem honesta com ele; disse que não me sentiria bem em receber essa proposta como uma forma de leilão e agradeci.
> Moral da história: mesmo sem conhecê-lo, você foi meu mentor e me ajudou a pensar sobre o que seria melhor para mim. Além disso, você me ajudou a ver que, às vezes, não nos valorizamos e perdemos oportunidades de ter o melhor para nossa vida."

Essas duas histórias me deixam até arrepiado! Sabe o motivo? Eu fico imaginando um mundo em que as pessoas são um tico mais egoístas com a carreira, se arriscam um pouco mais e se desafiam. Por isso é tão importante sairmos da nossa casinha e sentirmos o mundo lá de fora. Não só para saber do nosso valor e em que pontos temos que nos aprimorar, mas porque não sabemos o que encontraremos. Há oportunidades e aventuras para serem descobertas que só se mostrarão se formos atrás delas. Talvez haja uma esperando por você.

DECIDA O QUE É MELHOR PARA VOCÊ

"Luciano, já troquei de trabalho duas vezes nos últimos três anos, e agora surgiu uma oportunidade de ouro. Será que vou ficar malvisto no mercado por mudar tanto? O que fazer?" Você já deve imaginar mais ou menos qual foi minha resposta para essa pergunta que recebi de um leitor, né? "Seja egoísta com sua carreira." Você não tem a menor noção de quantos profissionais recusam propostas incríveis simplesmente porque acham que vão ficar malvistos, sujar a carteira de trabalho, porque têm medo do que os outros vão pensar e uma série de outras coisas. Esse é o tipo de pergunta que mais recebo dos meus leitores e mentorados.

Voltando à pergunta do meu leitor, proponho um exercício de inversão: será que uma empresa, ao demitir alguém com pouco tempo de casa sem razão aparente, ficaria "malfalada" no mercado? E se ela fizer isso várias vezes ao ano?

Claro que não. Sabe por quê? A maioria das empresas pensa nas suas necessidades atuais, no que é preciso para bater suas metas e crescer. Não tem nada de errado com isso.

Por que então, como funcionários, deveríamos fazer diferente?

Se você faz um bom trabalho na sua função atual e vai continuar assim até sua saída para uma oportunidade melhor, você está sendo profissional. Um contrato de emprego pode ser quebrado pelas partes a qualquer momento. Se você avaliou bem a oportunidade, ela lhe oferece o que está procurando (seja dinheiro, experiência, aprendizagem etc.) e você tem noção do risco de trocar de emprego (mudar é sempre um risco), parta para ela.

Um dos desfechos mais tristes que testemunhei quando alguém tomou uma decisão pensando na empresa, e não em si, é a história de uma jovem profissional que vou contar agora. A empresa estava no meio de uma reorganização, e a área na qual essa jovem trabalhava ia acabar. Sabendo disso, ela foi para o mercado e acabou recebendo duas ofertas praticamente ao mesmo tempo. Contudo, quando foi contar sobre as ofertas para seu gerente, escutou que ele havia movido o mundo para conseguir realocá-la em outro departamento e que tinha dado certo. Ela, com um pouco de vergonha e vendo o esforço do chefe, recusou as duas propostas, mesmo tendo gostado muito de uma delas.

Três semanas depois, ela foi demitida. Quando voltou para a empresa para assinar a documentação, não a deixaram nem mesmo entrar por não ter mais crachá. O profissional do RH a fez assinar a papelada na catraca da entrada, com todo mundo passando e vendo o que estava acontecendo. Ela se sentiu traída e inconformada por ter recusado as propostas.

Se um dia você tiver que escolher entre o que é melhor para sua carreira e o que é melhor para a empresa em que trabalha, o meu conselho é: escolha você. Garanto que a empresa vai ficar muito bem.

PERCA O MEDO DE SER DEMITIDO

Em um almoço com um amigo há alguns anos, conversávamos sobre as mazelas do mundo corporativo, e ele compartilhou comigo um conselho que tinha escutado havia muito tempo de uma diretora: "Perca o medo de ser demitido".

Agindo assim, segundo ela, você tira o "poder" enorme da mão da empresa e traz muito mais equilíbrio para a relação entre as duas partes. Quando não há medo, de acordo com a diretora, há uma relação de poder equilibrada.

Meu amigo me contou essa história porque ele presenciou um caso bem curioso, em que viu esse ensinamento ocorrer na prática. Uma pessoa do seu time havia decidido seguir carreira acadêmica e deixaria a empresa em alguns meses, conforme combinado. Com a decisão de sair já sacramentada, ele percebeu que essa pessoa mudou radicalmente de comportamento no trabalho. Começou a se impor mais, principalmente com algumas pessoas do time que eram mais geniosas, fez as coisas com mais ousadia, foi bem mais diretiva e confiante do que anteriormente.

O resultado é que aquele foi o melhor projeto que ela entregou em toda sua carreira na empresa em termos de resultados, o que acabou culminando em muitos elogios, feedbacks positivos e uma promoção para lá de inesperada. Isso rende um bom debate sobre as condições que criamos dentro do ambiente corporativo, que ainda é muito pautado pelo medo – seja por questões nossas, pelo ambiente ou pela cultura da empresa.

Voltando para o conselho inicial, claro que temos muitas coisas para considerar. Alguém que não tem recursos guardados, que tem uma família para sustentar, que vende o "almoço para comprar o jantar" e que não pode se dar o luxo de ficar sem trabalhar dificilmente conseguirá tirar essa pressão dos ombros e eliminar o medo por completo. Contudo muitos dos nossos temores vão além da questão financeira e podem ter origem na vergonha, na autocobrança, no que os outros vão pensar a nosso respeito, na falta de organização financeira, entre outras coisas. Para esses, vale muito a pena refletir sobre o conselho: perca o medo de ser mandado embora.

Gosto dessa história e desse conceito porque resumem exatamente o que estamos discutindo neste capítulo: ter mais equilíbrio no jogo corporativo. Já pensou em quem você seria e o que faria se passasse a pensar apenas no que pode criar e entregar no trabalho, e não no medo que o impede de fazer isso?

NÃO ADOEÇA POR UM TRABALHO

> "Tem um monte de gente querendo convencer você de que, por haver milhões de pessoas desempregadas, você precisa estar infeliz em um emprego ruim. Não precisa, não, viu?"

O número de pessoas que me procuram para aconselhamento e me enviam mensagens nas redes sociais dizendo que estão doentes por causa do emprego é brutal. Não há uma semana sequer em que eu não me depare com um caso de burnout, estresse ou coisa pior. Histórias de chefes assediadores, pressão, falta de perspectiva, falta de crescimento, colegas difíceis, brigas e todo tipo de horror que você pode imaginar estão, provavelmente, acontecendo neste exato momento em diversos lugares. Uma pesquisa feita em 2019 por uma consultoria especializada em cultura organizacional de empresas em parceria com o sociólogo Ruy Braga, professor da Universidade de São Paulo (USP) e coordenador do Centro de Estudos dos Direitos da Cidadania (Cenedic), mostrou que, para 78% das pessoas entrevistadas, o trabalho ou a falta dele são causa de doença e sofrimento.[8]

---

8 SANT'ANNA, E. Para 78%, trabalho e a falta dele são responsáveis por doença e sofrimento psíquico. **Folha de S.Paulo**, 12 nov. 2019. Disponível em: https://www1.folha.uol.com.br/cotidiano/2019/11/para-78-trabalho-ou-a-falta-dele-sao-responsaveis-por-doenca-e-sofrimento.shtml. Acesso em: 14 set. 2021.

Ser egoísta com sua carreira, lembrar que seu crachá é apenas emprestado, conhecer-se como profissional e muitos outros pontos que discutimos neste capítulo e em outras partes do livro podem ajudá-lo a sair dessas situações difíceis e não adoecer, literalmente. Sempre que tiver opção, NÃO fique em um lugar que o fará doente, não aceite ter um chefe agressor, não aceite estar em um lugar que desvaloriza você e destrói sua saúde. Se não tiver opção – e mais uma vez declaro que tenho consciência de que muitas pessoas são dependentes financeiramente de seus empregos –, comece a construir sua saída desse lugar aos poucos. Ative seu plano B, seu networking, seus amigos e tudo que estiver ao seu alcance para sair desse ambiente tóxico o mais rápido possível. Faça com que sua vontade de mudança seja maior do que as forças que querem colocá-lo para baixo e fazê-lo adoecer.

Por mais batida e repetitiva que seja a frase a seguir, ela está absolutamente correta: "Nenhum CNPJ vale um AVC". Nenhum. Para finalizar este capítulo, deixarei um pensamento sobre a efemeridade de tudo e a certeza de que dias melhores virão. Eles sempre chegam.

Luciano Santos
@lucianoresponde

"Não adoeça por um trabalho.
Nem pela falta de um.
Se adoecer, peça ajuda.

Uma das coisas que aprendi é que não existe tempestade ou dia agradável de sol que sejam eternos.

Tudo, absolutamente tudo, passa e muda. As fases ruins e as fases boas.

Então, segure firme aí e faça de tudo para construir essa mudança. Quando a tempestade apertar, lembre-se de que daqui a pouco ela vai embora.

E, em algum lugar atrás das nuvens, está o sol, esperando para sorrir para você.

Eu acredito nisso."

5

CAPÍTULO 5
OS TRÊS PILARES DA EMPREGABILIDADE

"Luciano, como posso me preparar melhor para me sair bem em uma entrevista de emprego?", pergunta um mentorado.

O tema acerca de como podemos estar sempre bem preparados para novas oportunidades começou a aparecer com frequência nos meus papos sobre carreira, mesmo esse não sendo o foco das minhas mentorias. Eu me dei conta de que existem três coisas – na verdade, tenho certeza de que são muito mais, mas essas são aquelas em que tenho me aprofundado – que fazem toda diferença quando o assunto é empregabilidade. São pontos nos quais sempre precisamos colocar energia e intenção para que estejam bem afiados; eu os chamo de "os três pilares da empregabilidade". São eles: currículo, narrativa e networking.

Entender que o currículo já não é mais só um pedaço de papel, que contar sua narrativa de maneira positiva em uma entrevista pode ser o diferencial entre conseguir ou não a vaga e que networking é uma construção de longo prazo melhora muito sua imagem como profissional e, consequentemente, suas chances de conseguir aquela vaga interna, trocar de emprego ou se recolocar no mercado. A seguir, vamos mergulhar um pouco mais a fundo em cada um desses pontos.

CURRÍCULO

Quando falamos em currículo, a primeira coisa que nos vem à mente é aquele arquivo guardado em alguma pasta do computador pessoal que, de tempos em tempos, atualizamos para refletir nossas experiências mais recentes. Sim, esse aí também é bem importante, e precisamos sempre ter um renovado para quando precisarmos. Há muitos modelos disponíveis, e não vou dizer qual é o melhor – deixo essa tarefa para um profissional especializado em recolocação. Contudo gosto de um modelo, que uso há pelo menos quinze anos, bem simples e fácil de criar e que até hoje me serve muito bem. O foco é mais no conteúdo, na sua trajetória e bem pouco no design. Se você tem tendências minimalistas como eu e quiser dar uma olhada, acesse o www.lucianoresponde.com.br/curriculo ou aponte a câmera de seu celular para o QR Code abaixo.

Além do seu velho e bom arquivo de texto, há também uma nova (ou não) tendência: o uso do seu perfil no LinkedIn

O FRACASSO PODE SER UM PROFESSOR PODEROSO.

como currículo. Muitas empresas já dão a opção de candidatura a vagas apenas com seu perfil na ferramenta, sem a necessidade de enviar qualquer outro arquivo. Adoro essa opção, já que criar um perfil no LinkedIn dá espaço para adicionar muito mais coisas do que você colocaria em um currículo tradicional, sem contar o uso de criatividade, boas práticas e a possibilidade de produzir – ou interagir com – conteúdos da sua indústria. É como se fosse um currículo que passou por um upgrade.

Hoje em dia, com as empresas buscando mais praticidade e automação, não dá para não ter um perfil nessa rede. Não apenas ter um perfil, mas ter um bem-feito. Há dezenas de sites e contas lá mesmo no LinkedIn que dão dicas de como criar um perfil poderoso. O próprio site também disponibiliza um vídeo seguido de um artigo[9] indicando as melhores práticas na rede. Então a dica é usar e abusar da ferramenta.

Outro ponto vital sobre o currículo é ter certeza de que todas as experiências relevantes estarão presentes. "Ah, Luciano, mas isso é óbvio!". Não é, não. É impressionante a quantidade de coisas que as pessoas omitem em seus currículos com medo de como serão interpretadas, achando que não têm valor e se deixando levar por outras lendas urbanas do mundo corporativo. Vamos dar uma olhada em um caso interessante em que isso aconteceu.

Caso: empresa da família

Em um trabalho realizado com a Carolina, profissional na casa dos 20 e poucos anos, percebi que ela tinha uma experiência de quase três anos em seu currículo com poucas

---

[9] COMO criar um bom perfil do LinkedIn? **LinkedIn**, 15 maio 2020. Disponível em: https://www.linkedin.com/help/linkedin/answer/113935/como-posso-criar-um-bom-perfil-do-linkedin. Acesso em: 14 set. 2021.

informações além de um "assistente administrativo". Perguntei a ela do que se tratava, e a resposta me surpreendeu: "Ah, esse é o tempo em que trabalhei na loja do meu pai, mas não falo isso para ninguém para não ser malvista".

Depois que lhe pedi que me contasse um pouco mais sobre a experiência, percebi que Carolina implementou mudanças importantes na empresa da família e aprendeu praticamente tudo o que é preciso para tocar uma loja. Ela melhorou alguns processos existentes, implementou o uso de mídias sociais, aprendeu como uma empresa funciona em todas as suas camadas, os prós e contras de ser empreendedor no mercado atual e como lidar com clientes na ponta mais importante de qualquer negócio: balcão e caixa.

Apesar de todo esse conteúdo, ela tinha receio de colocar a experiência no currículo. Trabalhar na empresa da família não é nenhuma vergonha, e não há motivos para omitir essa experiência profissional. Ao contrário, todo esse conhecimento é – ou ao menos deveria ser – ouro para um empregador que está procurando alguém com bons conhecimentos, vivência real do dia a dia de uma empresa e prática em como lidar com clientes. Adicionamos essa passagem no currículo dela, e Carolina teve uma mudança de postura gigante em relação à importância daquela experiência. Ela me contou, posteriormente, que, no último processo seletivo de que participara, o tempo em que trabalhou na loja foi o foco da conversa e o assunto sobre o qual mais fizeram perguntas durante toda a entrevista. Não foi uma surpresa para mim; aquela era realmente a experiência mais forte e cheia de aprendizados que ela teve em sua carreira.

A história dela me lembrou de outra que vivi no trabalho. Certa vez, entrevistei um candidato que me contou como ele abriu uma loja de roupas, lutou para manter o negócio de pé por três anos e acabou falindo. Ele foi muito bem nas entrevistas e acabou sendo contratado. *Contrataram alguém que faliu uma empresa?*, você deve estar se perguntando. A resposta é SIM, pois a quantidade de aprendizado que ele teve naquele período foi enorme. Ele tinha muito mais experiência do que eu em como tocar um negócio. Para mim, ==o que vale mais na vida é o aprendizado das experiências anteriores que você pode aplicar no presente e no futuro, mesmo em situações de fracasso.== Na verdade, para um bom observador, o fracasso pode ser um professor poderoso.

Experiências sempre contam a favor na sua história profissional, e o mercado está percebendo isso cada vez mais. Não as deixe de fora do seu currículo e muito menos de sua narrativa (a seguir). Agora, quero recordar algo de que já falamos em um capítulo anterior e que é importante nesse contexto: **currículo é lugar de colocar quem somos (e o que fizemos), não apenas o que queremos**. Lembre-se disso.

NARRATIVA

A capacidade de contar sua história em uma narrativa coesa é a ferramenta mais poderosa para ter um bom resultado em um processo seletivo, e a parte mais legal é que, quanto mais você pratica, melhor ela fica. Pequenos ajustes na sua narrativa podem ser a diferença entre ter ou não sucesso em uma entrevista. Leia o depoimento que recebi de uma leitora depois que ela assistiu a uma aula minha sobre esse tema e aplicou os aprendizados:

"Oi, Luciano! Há cerca de seis meses, tenho participado de várias entrevistas visando ser admitida em uma empresa que eu admiro muito; algumas delas, mesmo depois de ter pagado uma mentoria de carreira. Mas faltava virar uma chavezinha em mim, o que eu consegui depois de assistir à sua aula sobre o que dizer em uma entrevista e como valorizar a nossa trajetória. Isso me deu outra perspectiva sobre muitos pontos da minha história que, por vezes, nem entravam nas minhas conversas com o meu entrevistador. Hoje, fiz a minha primeira entrevista depois dos pontos que aprendi com você! E eu passei! Vou trabalhar em uma empresa cuja trajetória eu admiro muito e não poderia estar mais feliz. Obrigada!"

Não, não é mágica, é o poder de uma boa narrativa e consciência na maneira como você edita sua própria história. É preciso, como ela bem disse, valorizar sua trajetória. Agora chegamos a uma pergunta muito importante: você sabe contar sua história?

Sempre que vou entrevistar alguém, peço à pessoa que conte a própria trajetória nos primeiros cinco minutos. A maneira como falamos sobre nosso passado profissional diz muito sobre nós mesmos e sobre a nossa carreira, além de ser uma ferramenta poderosa para nos conectarmos com o entrevistador. Nós, seres humanos, somos programados para contar e ouvir boas histórias, e isso vale também em uma entrevista de emprego.

Contudo, é muito importante saber o que colocar e o que tirar da sua narrativa pessoal para atingir seu objetivo. Muitos profissionais removem experiências riquíssimas porque acreditam que não são relevantes. Outros desvalorizam e chegam até a dar uma conotação negativa para conquistas importantes. Vamos analisar os dois casos a seguir para evitar cair nessas armadilhas.

Caso: o fracasso na faculdade

Cláudio estava em transição, saindo de uma área de suporte para trabalhar com vendas na mesma indústria. Logo nos primeiros minutos da nossa conversa, percebi que, além de excelente comunicador, era um bom profissional. Contudo, estava com dificuldades de conseguir uma oportunidade em um lugar maior na nova área que escolhera. Ele até conseguia entrar nos processos e passar por algumas entrevistas, mas tinha certeza de que estava fazendo algo errado.

Segredo que eu já entreguei para vocês agora há pouco, umas das técnicas que eu mais gosto de usar é pedir aos candidatos – e mentorados – que me contem sua história desde a faculdade até o momento profissional em que estão atualmente. Não foi diferente dessa vez. Antes mesmo de chegar à vida profissional, identifiquei que Cláudio tinha um grande incômodo e contava com vergonha o fato de ter ingressado em uma universidade federal, estudado por um ano e desistido por não ter gostado do curso. Ele refez o vestibular e passou mais uma vez na mesma universidade para o curso em que enfim se encontrou e, então, se formou. Ele via aquele evento como uma derrota, sentia vergonha dele – e só estava falando daquilo comigo porque é aquele tipo de profissional incapaz de omitir qualquer coisa no currículo.

No decorrer da história e já entrando na parte profissional, ele teve a mesma postura de constrangimento ao falar de um concurso público superdisputado no qual passara, mas que não era o que ele queria, pois era bem diferente do que havia planejado. Dava para ver a vergonha estampada em seus olhos quando ele narrava a sua "falha". Se eu estava percebendo aquilo tão facilmente, qualquer recrutador também o faria.

Cláudio estava sendo tão exigente consigo mesmo que acabou distorcendo uma história de incrível sucesso para algo duvidoso e, até de certo modo, negativo. Propus refazer a história toda me colocando como personagem principal e valorizando todas as conquistas que ele teve. Ficou assim:

"Logo depois que terminei o ensino médio, passei para o curso X na universidade federal da minha cidade [mostra dedicação]. Fiquei muito feliz e orgulhoso, mas, depois de um ano, percebi que não era o curso em que gostaria de me formar [indica personalidade]. Fiz mais uma vez o vestibular e passei para o curso Y [um sinal de resiliência e preparo], no qual me encontrei e me formei. Tive que disputar a vaga com dezenas de outros candidatos, já que o curso era muito procurado [mostra destaque].

Como sempre fui um bom estudante, eu me preparei para entrar em um concurso público e, mais uma vez, consegui [indica preparo novamente].

Tanto minha entrada na universidade federal quanto os estudos para o concurso foram desafiadores, tive que ter muita dedicação, foram longos fins de semana e noites me preparando, mas valeu a pena. Tudo isso me fez ser o profissional que sou hoje, aplico todo esse aprendizado para ser o melhor vendedor da minha indústria."

Percebe a diferença na narrativa?

Retirei completamente o foco do que não consegui, do que tive que mudar e do que não havia saído conforme eu planejara. Mesmo que tenha passado por alguns desafios, eu os apresentei de maneira positiva.

Precisou trocar de faculdade no meio do caminho? Conte como você finalmente descobriu o que queria fazer e como isso o impactou positivamente. Ficou alguns anos em um emprego que não era o que queria? Conte como você aprendeu tudo o que tinha para aprender lá e que estava pronto para crescer e dar o próximo passo. Fez um curso de dois anos bem intenso de teatro? Conte como aprendeu a se comunicar e se expressar melhor e como usa o aprendizado para se conectar com pessoas/clientes. Organizava a banda da igreja? Conte dos seus maiores desafios e vitórias enquanto participou disso. Praticamente tudo em que colocamos nossa energia e nosso tempo nos ensina algo; precisamos valorizar esses ensinamentos de maneira positiva. Temos que valorizar nossa história!

PRATICAMENTE TUDO EM QUE COLOCAMOS NOSSA ENERGIA E NOSSO TEMPO NOS ENSINA ALGO; PRECISAMOS VALORIZAR ESSES ENSINAMENTOS DE MANEIRA POSITIVA. TEMOS QUE VALORIZAR NOSSA HISTÓRIA!

Caso: a pula-pula

Boas narrativas não servem apenas para contar sua história profissional; elas servem para explicar e dar novas perspectivas para qualquer coisa, incluindo preocupações e vícios de processos seletivos, dos quais ninguém está isento.

Lembro-me bem de um caso em que vi isso acontecer durante um processo seletivo que liderei faz algum tempo. Quando dei uma boa olhada no currículo de uma candidata antes da entrevista, vi que ela tinha entrado em uma grande empresa de tecnologia havia apenas quatro meses. Não apenas em uma grande empresa, mas em um cargo bem interessante, e aquilo me deixou intrigado. Eu tento me livrar de qualquer tipo de preconceito, vícios ou análises predeterminadas quando entrevisto alguém, mas um curto período em um emprego chama a atenção. Ainda mais naquelas condições.

Após começarmos a entrevista com um rápido quebra gelo, esta foi minha primeira pergunta: "Você acabou de entrar em um emprego novo, por que quer mudar?".

Ela me olhou, sorriu e disse: "Sabia que essa seria a primeira pergunta". Então ela me explicou que o "namoro" com a posição que tínhamos aberto começara antes de ela aceitar a oferta para seu emprego atual. E continuou, dizendo que o principal motivo foi uma profunda análise sobre o que ela tinha de fortalezas para oferecer como profissional, suas aspirações e como a vaga que ela estava disputando casava perfeitamente com isso.

Em menos de três minutos, ela não apenas me convenceu como também me mostrou, com uma narrativa incrível, como a movimentação fazia sentido.

Quis compartilhar essa história porque muitos profissionais chegam até mim com a preocupação de ficar pouco tempo no emprego e "sujar a carteira de trabalho", querem sair de onde estão há apenas alguns meses e ficam paralisados sem saber como justificar a saída e com medo de manchar o currículo. Sempre que alguém me apresenta essa preocupação, eu falo para fazer o que a candidata fez brilhantemente em sua entrevista comigo: tenha uma boa narrativa para explicar o porquê da sua decisão e movimentação.

É com uma boa história, verdadeira e bem fundamentada, que a gente justifica tudo na vida. Assim como a candidata que chegou bem preparada para explicar uma possível área de preocupação, sempre tenha sua narrativa bem ensaiada com a mesma finalidade.

Desenvolver uma boa narrativa requer prática. Sempre aconselho todos a ter uma que caiba em cinco minutos, outra em dez e assim por diante. Se você ainda não tem a sua ou quer melhorar a que já tem, segue um exercício que lhe pode ser útil. Não deixe de praticar sua narrativa.

Exercício: criando sua narrativa

1. Liste de três a cinco principais eventos pessoais e profissionais que aconteceram na sua vida – pode ser desde a faculdade ou a partir do início da sua vida profissional. Importante: não cite apenas os eventos que considera relevantes, mas, sim, todos nos quais gastou tempo e energia.
2. Reflita sobre todos eles. O que aprendeu? Essas experiências fizeram de você uma pessoa mais forte? Você descobriu algo de que não sabia? Desenvolveu alguma habilidade?
3. Para cada um desses eventos, crie pequenas histórias que possam ser contadas em tempo de um a dois minutos, considerando os aprendizados e as descobertas.
4. Junte todas essas pequenas histórias em uma narrativa e teste o produto final. Fale diante do espelho, grave no celular, chame algum amigo ou familiar para escutar e dar feedback.

NETWORKING

Networking é uma das ferramentas mais poderosas que todo profissional deve construir com muita atenção. Ele vai abrir múltiplas portas no decorrer da sua carreira, seja para conhecer pessoas da sua área, seja para aprender, ensinar, resolver problemas e, principalmente, ter acesso a oportunidades de maneira mais abundante. Já vi muitos profissionais se recolocarem rapidamente por meio apenas de sua rede de contatos, e há empresas que até pagam para seus funcionários indicarem pessoas que já conhecem e que poderiam fazer parte da empresa. Isso mesmo, PAGAM para receber indicações. Uma pesquisa realizada pela consultoria Right Management apontou que 70% das contratações acontecem por indicação de outros profissionais que já estão no mercado de trabalho. Por isso é de extrema importância entender como o networking funciona, construir e cuidar da sua rede.

Quero enfatizar que o networking é construído no decorrer da sua carreira. Ele não se constrói em um fim de semana, quando você é mandado embora ou apenas em um momento de necessidade. Esse é um dos maiores erros que vejo as pessoas cometerem. O profissional é demitido e sai correndo adicionando todo mundo no LinkedIn, enviando currículo para pessoas que mal conhece e querendo fazer parte de uma turma com a qual nunca interagiu antes. É a pior maneira de fazer isso.

Networking é um processo que se constrói no longo prazo. São as conexões que você cria durante as suas interações profissionais, nos eventos de que participa, os clientes que conhece e qualquer outro profissional que cruze seu caminho. Pense em todas as pessoas que você já conheceu até hoje por causa do seu trabalho. Com quantas dessas você se conectou? Trocou cartões? Telefone? Mensagem? Cada interação de qualidade que já teve é uma oportunidade de conexão a ser criada. Você tem o costume de se conectar com seus contatos profissionais? Se a resposta é não, é hora de rever esse comportamento.

As chances de as pessoas aceitarem conexões quando estamos atrelados a uma empresa é alta, mas quando estamos na rua, "em busca de recolocação", é muito menor. Não espere estar em necessidade para fortalecer sua rede; veja o networking como um investimento de longo prazo que, quanto mais você coloca energia nele, mais retorno tem. Networking pode valer mais do que dinheiro no banco.

Quanto mais cedo começar, melhor

A pedido de uma colega querida (que faz parte da minha rede de networking), eu bati um papo, durante um almoço, com uma jovem profissional. Ela era recém-formada, cursara uma boa faculdade, passara por um ótimo estágio, fizera intercâmbio e já tinha um currículo muito bom para quem estava começando a carreira. Apesar disso, ainda não estava empregada.

Durante nosso bate-papo, ela me fez várias perguntas sobre como eu planejara minha carreira, sobre o mercado de tecnologia, principalmente a parte de marketing digital, e sobre quais seriam as portas de entrada para quem queria ingressar na área. Contou também, resumidamente, tudo o que tinha feito, como achava que poderia gerar valor para uma empresa e as vagas que almejava. Em uma hora, tivemos uma ótima conversa que trouxe boas ideias para ela definir seus próximos passos.

Contudo o que mais me chamou a atenção foi a estratégia dela em conhecer profissionais em posições-chave no mercado e aprender mais sobre a indústria. Antes de mim, Sofia já tinha almoçado com um profissional do Google e com outros de outras empresas de tecnologia, e ainda tinha mais nomes (e empresas) na lista de pessoas com as quais se encontraria. O detalhe importante é que ela não conhecia ninguém pessoalmente; alguns profissionais ela abordara via LinkedIn, mas a maior parte lhe fora apresentada pelas pessoas ao seu redor que as conheciam (o pai, a mãe, um tio), aumentando as chances de Sofia de conseguir o papo, as informações que buscava e criar sua própria rede de networking ao mesmo tempo. Eu achei a estratégia dela simplesmente brilhante.

O LinkedIn é uma ferramenta poderosa para construir networking, mas nada substitui um bate-papo ao vivo para criar uma conexão verdadeira e duradoura. Uma conversa nos conta mais de uma pessoa do que um livro inteiro sobre ela. Use e abuse de amigos, conhecidos e familiares que já construíram a própria rede para fortalecer a sua quando for preciso. Como pudemos ver na história de Sofia, essa é uma ótima estratégia.

Eu participo de um grupo de WhatsApp de profissionais de marketing digital que sempre pedem referências de pessoas boas, geralmente para cargos iniciais em startups e empresas de tecnologia. Depois do meu almoço com a jovem Sofia, já fizeram esse pedido duas vezes. Sabe de quem eu me lembrei?

Pense no longo prazo

Um ano e sete meses. Foi esse o tempo que levou para Mauro conseguir uma vaga que encaixasse com seu perfil na empresa em que eu trabalhava.

Um dia, recebi uma mensagem no LinkedIn de um profissional que era amigo de um colega que trabalhara comigo em outros carnavais; ele me pediu permissão para se apresentar e saber mais sobre uma vaga que estava aberta no meu time. Trocamos algumas mensagens sobre a posição, o que era necessário para conquistá-la, e o orientei a fazer a inscrição pelo site. Mauro fez algumas entrevistas para a posição, mas acabou não sendo contratado.

Contudo o perfil dele era ótimo, e fiz questão de deixar o canal aberto para ele me procurar caso outra vaga interessante surgisse. Ele me procurava a cada dois ou três meses e se candidatou para cinco ou seis vagas nesse período.

Foi reprovado em todos os processos.

A essa altura, você deve estar pensando que essa história tem um final triste, mas longe disso. Algo que chamou muito minha atenção nas interações com ele foi sua persistência e paciência em continuar procurando a vaga que poderia ter mais aderência com sua experiência e em manter o contato comigo vivo. Foi admirável.

Um dia, quase que por acidente, em um almoço na empresa, um amigo diretor me contou que estava com uma vaga aberta e procurando indicações. Perguntei um pouco mais sobre o tipo de profissional que ele procurava e, ao ouvir a descrição da vaga, bingo! Mauro seria um ótimo candidato, e lembrei-me dele na hora.

Mandei uma mensagem com o link de inscrição assim que voltei para minha mesa, e ele se candidatou à vaga. O processo levou cerca de um mês e, no fim, ele foi o escolhido. Eu adoro esse caso porque ilustra bem o que eu já disse há pouco: networking não é algo que dará resultado de um dia para o outro; muitas oportunidades não são de curto prazo, e é preciso ter paciência e, principalmente, persistência.

No caso do Mauro, foi preciso um ano e sete meses de investimento para conseguir trabalhar onde tanto queria. Isso aconteceu há mais de seis anos, e ele está na empresa até hoje.

O poder do LinkedIn

Depois do mundo real, o LinkedIn é a melhor ferramenta para desenvolver seu networking. Em algumas indústrias como a minha, praticamente todos os profissionais estão lá usando o perfil como um currículo e também como uma vitrine de suas marcas pessoais. Os dois casos que acabamos de ver começaram nessa rede social. A seguir, dou cinco dicas para potencializar seu uso da rede a fim de trabalhar seu networking:

Dica 1: Sempre adicione as pessoas do seu círculo de trabalho imediato, os parceiros e clientes que interagem com você e outros profissionais que cruzem seu caminho em algum evento e projeto. Se apenas fizer isso desde o começo da sua carreira, já vai ter uma rede ampla, forte e com proximidade suficiente para recorrer quando precisar.

Dica 2: Quem são os profissionais de referência na sua indústria? Localize-os e passe a segui-los na rede. Se eles produzirem conteúdo, melhor ainda. Interagir com esses conteúdos fará com que você tenha exposição a outras pessoas com o mesmo interesse e, provavelmente, da mesma área que a sua. Adicione as que achar que têm algo em comum ou com as quais pode trocar experiências.

Dica 3: Quando adicionar pessoas que não conhece pessoalmente, faça isso de maneira personalizada e diga o motivo do seu pedido de conexão. No processo para enviar o convite, há a opção de mandar uma mensagem junto para dar contexto ao pedido. Eu corro de pedidos genéricos e automáticos do tipo "quero me conectar com você" e adoro quando dizem o real motivo da conexão. Um exemplo:

> **"Só passei para dizer que sua palestra foi sensacional e muito inspiradora. É disso que precisamos neste momento! Podemos falar um pouco mais sobre esse assunto? Pode ser por aqui mesmo ou marcamos um café. Abraços, Luciano."**

Bem melhor do que um "quero me conectar com você", não?

Dica 4: Seja uma figura ativa na rede. Adoro desafiar as pessoas a produzir conteúdo sobre suas áreas ou até mesmo gostos pessoais, mas claro que isso não é obrigatório e nem todos querem. Se não quer, não faça. Contudo, não precisa criar conteúdo para ser ativo. Você pode fazer isso compartilhando notícias da sua indústria, da sua empresa, oportunidades disponíveis e eventos interessantes. Comentar publicações também é uma ótima maneira de ser uma figura ativa na rede e mostrar sua carinha por lá. Fazer isso fortalece sua marca pessoal e o mantém vivo na percepção das pessoas.

Dica 5: Não pratique o networking egoísta. Networking é uma via de mão dupla, é um recurso por meio do qual podemos tirar muita coisa interessante e também deixar nossa contribuição. Você responde aos pedidos de conexão que recebe? Encaminha o currículo que recebeu para o RH ou ao menos aponta o caminho para que a própria pessoa possa fazer isso? Assim como na vida real, em nossas relações, trocamos e compartilhamos, não só tiramos o que precisamos. Aja da mesma maneira em relação ao seu networking.

BÔNUS: AULA ABERTA

Currículo, narrativa e networking: esses são os três pilares da empregabilidade sobre os quais precisamos refletir e nos quais precisamos trabalhar para sempre estarmos preparados para as oportunidades que surgirão. Eu tenho os meus bem afiados, tenha os seus também. Para finalizar, deixo aqui um bônus: gravei uma aula especial sobre o tema, que pode ser assistida no meu canal no YouTube (www.youtube.com/lucianoresponde) por meio do QR Code abaixo.

6

CAPÍTULO 6
SEJA UMA PESSOA PLURAL

No começo do ano, por coincidência, na mesma semana, eu me deparei com dois casos interessantes que me fizeram pensar no conceito de ser uma pessoa plural e na importância disso em nossa carreira.

O primeiro caso está relacionado com o que acabamos de abordar no capítulo anterior. Conversei com um profissional que não sabia se deveria adicionar no currículo a informação de um extenso curso de teatro que fizera. Teatro era uma de suas paixões, e ele investiu muitos anos atuando e estudando – agora, não tem certeza de que informar todo esse conteúdo no seu currículo é algo que vai ajudar ou atrapalhar.

O segundo é o de um especialista em marketing digital. Ele tem muita vontade de crescer e se desenvolver, separa grande parte dos seus recursos e tempo para estudar e fazer muitos cursos. Quando lhe perguntei sobre quais tipos de curso faz, ele me disse que apenas estuda assuntos relacionados à sua área, pois não quer desperdiçar tempo e dinheiro com algo que não o ajudará na carreira.

De um lado, há o medo de falar que possui outros interesses fora da área de atuação profissional e, do outro, o foco apenas nela. Qual foi meu conselho para eles? Para o primeiro, falei sobre minha perspectiva de que tudo o que fazemos na vida traz algum aprendizado e habilidade que podem e devem ser utilizados profissionalmente, que ele não deveria ter vergonha de suas experiências, e sim explorá-las positivamente. Eu nunca vou me cansar de repetir que nosso currículo deve ser quem somos, não apenas o que queremos. Já o segundo, eu o desafiei a pensar em quais coisas fora da área de marketing digital ele precisava aprender e em quais precisava se desenvolver e melhorar. Em um exercício rápido, chegamos a várias opções.

Para ambos, também contei algo em que venho pensando e que tenho recomendado bastante nos últimos tempos: seja uma pessoa plural. É importante aprender e valorizar experiências que vão além da sua área de atuação profissional, daquilo que você conhece.

MÁGICO DE UM TRUQUE SÓ

Essa expressão é utilizada para se referir a alguém que tem apenas um talento ou habilidade, nada mais. É perigoso dedicar a maior parte da nossa energia profissional apenas em uma função sem considerar o todo e, principalmente, o que pode acontecer daqui a alguns anos na indústria em que atuamos, por mais sólidos que achemos que ela e o nosso emprego sejam.

Lembra-se da história do Marcos, da qual falamos no primeiro capítulo? Ele trabalhou quinze anos para a mesma empresa e se dedicou totalmente a ela e a seu cargo. Durante todo esse tempo, não estudou inglês, não estudou nada relativo à sua área e não fazia outra coisa que não fosse acordar

NOSSO CURRÍCULO DEVE SER QUEM SOMOS, NÃO APENAS O QUE QUEREMOS.

de manhã para executar seu cargo com o conhecimento que já tinha e ponto-final; ele era um mágico de um truque só. Uma história com um final triste, com ele desempregado, falido e sem perspectivas. Ela ilustra bem o preço que podemos pagar por pausar ou parar nosso desenvolvimento, que deve ser contínuo e diverso.

Não só isso; o mundo está mudando a uma velocidade cada vez maior. Cada dia que passa escutamos sobre um cargo novo do qual nunca tínhamos ouvido falar, e outros, que nos eram comuns, deixam de existir. Lembro que, quando eu era adolescente, meu pai me incentivava a fazer um curso de datilografia porque poderia se tornar uma profissão no futuro. Máquinas de escrever já não existem mais, e digitação manual de documentos, com scanners presentes até mesmo em nossos celulares, soam como algo de um passado distante.

Não há muito consenso sobre o que o futuro nos reserva. Uma pesquisa do Institute for the Future (IFTF) em parceria com a Dell Technologies[10] estima que 85% das profissões que existirão em 2030 ainda não foram inventadas. O estudo é um pouco controverso em sua metodologia e rigor e, particularmente, acho o número um pouco exagerado. Contudo há algo com que todos concordam: o mercado de trabalho vai ser muito, mas muito diferente nas próximas décadas.

Independentemente de como o mercado de trabalho vai se transformar, há algo que sempre vai ser útil e necessário: conhecimento. E, quanto mais você o tiver, maiores serão as chances de encontrar seu lugar ao sol em um futuro que é um grande ponto de interrogação.

---

10 REALIZING 2030: Dell Technologies Research Explores the Next Era of Human-Machine Partnerships. **Dell Technologies**, 2017. Disponível em: https://corporate.delltechnologies.com/pt-br/newsroom/realizing-2030-dell-technologies-research-explores-the-next-era-of-human-machine-partnerships.htm. Acesso: 22 ago. 2021.

AS VANTAGENS DE SER ALGUÉM PLURAL

Quando temos interesses e conhecimentos diversos, temos um efeito positivo em nossa vida e carreira que acabamos nem percebendo. Isso nos proporciona novas possibilidades de emprego, a opção de empreender e impactos positivos em nosso networking, criando um efeito exponencial nas oportunidades que teremos.

Acho que quase todos nós conhecemos alguém que decidiu empreender (ou foi levado a isso) em alguma área que antes era apenas uma paixão. Vi muitos casos assim ao meu redor: uma blogueira que abriu uma empresa de produção de conteúdo, uma apaixonada por pães que abriu uma padaria de sucesso e um colega que era fascinado por videogames antigos que fundou uma empresa de reparo e recondicionamento dos equipamentos.

Com certeza você tem outras histórias para alongar essa lista. Agora, imagine se essas pessoas não tivessem perseguido suas paixões. Será que não teriam o mesmo destino do ex-diretor da história que lembrei há pouco? Nunca vamos saber, mas é certo que teriam menos opções para seu próximo passo profissional.

Outro aspecto importante de ser plural é o aumento do seu networking pessoal. Eu tenho algumas paixões e, entre elas, a ioga. Durante as práticas, os retiros e outros eventos relacionados, fiz amigos e conheci um monte de gente interessante, alguns que também cruzaram o meu eu profissional. Certa vez, ao terminar uma aula em uma escola nova, ficamos conversando em grupo e trocando informações. Quando mencionei que trabalhava em uma empresa de tecnologia, uma das pessoas disse que adoraria trabalhar lá. Peguei seu currículo e fiz uma indicação. Depois de dois meses, após uma maratona de entrevistas em que essa pessoa se saiu muito bem, o encontro foi no corredor da firma, já como colega de trabalho. O nosso encontro na aula foi o que a incentivou a se candidatar e, por fim, acabar passando naquela vaga.

Cada novo interesse, por mais exótico ou afastado da sua área de atuação que possa ser, conecta você com pessoas diferentes, contribuindo para a ampliação do seu círculo de contatos. Portanto, **quanto mais você adquire conhecimento e experiências e conhece novas pessoas ao fazer isso, maiores as suas opções e possibilidades. Você sempre ganha.**

O TIO DAS PLANTAS

Mesmo os conhecimentos que nunca imaginaríamos que poderiam nos ser úteis profissionalmente podem ser um dia. Nos últimos anos, tenho nutrido grande interesse em conhecer um pouco mais sobre as plantas e árvores do meu bairro, mexer com terra, fazer algumas mudas e arrisquei até construir um canteiro nos fundos do prédio onde moro.

Durante o começo da pandemia, decidi que faria uma porção de mudas em casa e as plantaria em alguns lugares ao redor de onde moro. Montei mudas de mexerica, pitanga, mamão, amora, abacate e até abacaxi. Assim que a muda alcançava um tamanho seguro, eu chamava minha filha e juntos andávamos pelo bairro e pelas praças para achar o melhor lugar para plantá-las.

Em um desses plantios, conheci um senhor que tinha esse mesmo hábito de plantar mudas e cuidar da natureza ao redor do bairro. Nós nos cruzamos muitas vezes, ele me ensinou a melhor maneira de proteger o solo, deu dicas de poda e de como aumentar as chances de uma muda vingar. Acabamos nos tornando colegas de bairro.

Um dia, quando eu estava cuidando de uma muda de amora com minha filha, ele me convidou para ir até a USP me juntar ao grupo de amigos dele que fazia observação de pássaros e também cuidava de parte do verde da cidade universitária aos fins de semana. Quando trocamos contato, descobri que o "tio das plantas" nada mais era do que um grande executivo de marketing e que "seus amigos" eram todos líderes de indústria e o sonho de networking de muita gente.

Algo que pode soar bobo para muitos me fez criar uma conexão importante no meu círculo profissional. Qualquer área de interesse, qualquer conhecimento que aprendemos pode acabar nos levando para lugares inesperados e nos conectando com pessoas que dificilmente conheceríamos por outros meios. Por isso, eu sempre digo: seja uma pessoa plural, mesmo participando de algo que muitos lhe digam que não serve para nada. Aprenda a plantar, a dançar, participe ativamente da sua comunidade e interaja com as pessoas. Nunca sabemos as conexões que vamos criar.

HÁ UM FOTÓGRAFO DENTRO DE VOCÊ?

Trabalhei com uma colega querida no começo da minha carreira na indústria de tecnologia. Ela experimentou algumas áreas até se firmar na de marketing e encontrou bastante crescimento ali. Começou como júnior, passou a pleno e até chegou a liderar alguns projetos importantes em uma grande empresa. Parecia ser uma história corriqueira de sucesso, só que ela deu uma guinada inesperada.

Minha colega, durante toda sua trajetória profissional até então, sempre alimentou uma paixão de adolescência: a fotografia. Ela fazia cursos, postava experimentos e sempre pedia para ser a fotógrafa oficial dos eventos de familiares e amigos. Podia ser aniversário, batizado e até casamento, ela se jogava na história e dava um jeito de ser a fotógrafa, oficial ou não, do evento. E não cobrava por isso.

QUANTO MAIS VOCÊ ADQUIRE CONHECIMENTO E EXPERIÊNCIAS E CONHECE NOVAS PESSOAS AO FAZER ISSO, MAIORES AS SUAS OPÇÕES E POSSIBILIDADES. VOCÊ SEMPRE GANHA.

Depois de alguns anos nessa vida dupla, ela recebeu uma proposta de um seguidor para fotografar um evento de médio porte de modo remunerado, algo que nunca fizera antes. Minha colega relutou um pouco, mas aceitou a proposta e fez um trabalho tão profissional que logo foi indicada a outro evento, e então aconteceram outros mais, e chegou um ponto em que ela teve que decidir entre a carreira em marketing e a de fotógrafa.

Ela escolheu a fotografia.

Eu amo essa história porque mostra que investir em nossa pluralidade, às vezes em forma de hobby, não é apenas gastar tempo com algo menor. Isso pode nos levar a um caminho profissional totalmente diferente do que planejamos. Já imaginou se minha colega decidisse que não valia a pena investir energia na fotografia, mas apenas em algo relacionado ao seu trabalho anterior? Ela não seria a fotógrafa profissional que é hoje, apaixonada por sua profissão e fazendo algo que, além de sustento, lhe dá muito prazer.

NÃO FAÇA COM QUE SEU CRACHÁ SEJA SEU ÚNICO LEGADO

Certa vez, ouvi algo parecido com: "Quando você morrer, não vão escrever na sua lápide o cargo que você tinha no seu emprego".

Além de tudo o que discutimos até agora sobre a importância de ser plural, aprender coisas novas, investir energia em hobbies e atividades que o desafiem e o façam interagir com outras pessoas, há outro ponto muito importante: como você deseja ser lembrado quando sua carreira acabar.

A frase acima é uma provocação que escutei de uma líder quando estávamos debatendo sobre equilíbrio entre vida pessoal e trabalho e sobre a importância de não se deixar engolir pelo dia a dia intenso de uma empresa de tecnologia, um ambiente em que a informação circula tão rápido e intensamente que é fácil se afogar nela. É uma área que, se você deixar, vai devorar todo e qualquer tempo que você tiver.

Essa frase pegou todo mundo de surpresa e me tocou de maneira profunda, porque ela faz muito, mas muito sentido.

Ninguém vai escrever na sua lápide onde você trabalhava, mas quem você era. Não vão escrever que você era um diretor de empresa, mas, sim, que era uma boa pessoa. Não vão escrever que passava noites e fins de semana trancado em um escritório, mas, sim, como tratava seus amigos, seus filhos, sua família e sua comunidade.

Vão lembrar de como você plantou árvores, ajudou as pessoas, fotografou o aniversário do seu amigo e de tantas outras coisas que você fazia, aprendia, ensinava e como tocava as pessoas. Vão escrever e lembrar quem você era em sua totalidade, em sua pluralidade.

Os cargos, bens e conquistas corporativas um dia não serão nem mesmo uma mera lembrança para as pessoas, mas da nossa essência, dos nossos atos e arriscaria dizer que até da nossa alma (seja lá o que isso signifique para você) todos vão se recordar.

Finalizo este capítulo com uma pergunta difícil: quem você é sem o véu do seu cargo? Quem você quer ser e como gostaria de ser lembrado? A vida, como diz meu pai, é um sopro e passa muito rápido. O que fazemos hoje, o que pensamos hoje e como agimos hoje vai influenciar o nosso amanhã de maneiras que nem sequer podemos imaginar. Faça do seu futuro o mais plural possível, dentro e fora do trabalho.

INVESTIR EM NOSSA PLURALIDADE, ÀS VEZES EM FORMA DE HOBBY, NÃO É APENAS GASTAR TEMPO COM ALGO MENOR. ISSO PODE NOS LEVAR A UM CAMINHO PROFISSIONAL TOTALMENTE DIFERENTE DO QUE PLANEJAMOS.

CAPÍTULO 7
GERENCIE O SEU GESTOR

Quando comecei a escrever este capítulo, não sabia se usava a palavra "chefe" ou "líder" no título. Optei por usar "gestor" para conferir um pouco de neutralidade e não assumir que você tem um chefe ou líder, já que provavelmente ele está entre um e outro (já vou falar mais disso). O entendimento comum que temos é que o chefe (ruim) é o oposto do líder (bom), faltando, ao primeiro, conhecimento, comportamento e ferramentas para gerenciar uma equipe de maneira eficiente.

Trabalhar com um chefe pode ser exaustivo e estressante pela falta constante de direcionamento, motivação, inspiração e suporte. Então o que fazer quando topamos com um chefe no trabalho? A essa pergunta, respondo: é preciso aprender a gerenciá-lo. "Gerenciar um chefe? Luciano, você só pode estar brincando!". Calma, não é uma brincadeira, e vou explicar por que isso é tanto importante quanto necessário se o seu chefe (ou líder) não age como todo gestor completo precisa agir.

Antes de nos aprofundarmos no tema, quero fazer outro apontamento: não há um chefe 0% (ou seja, totalmente ruim) nem um líder 100% (totalmente bom). Entre um chefe e um líder temos um espectro enorme de possibilidades. Há chefes que são um pouco líderes, e líderes com uma pitada de chefe. Tudo depende da experiência de cada um, da fase de aprendizado, do dia a dia, do sentimento pela cadeira que ocupa, entre muitos outros fatores. Entre o 0% e o 100%, encontraremos, em nossa vida, profissionais chefes e líderes de todos os níveis possíveis.

Quando penso sobre o que significa gerenciar meu chefe, alguns temas importantes surgem em minha mente. É necessário **ter um bom alinhamento, saber oferecer ajuda ao seu gerente** (sim, líderes precisam de ajuda!), aceitar que **nem sempre você entenderá as decisões que ele toma** e **aprender a se comunicar e ter conversas difíceis**. Vamos conversar um pouco mais sobre cada uma dessas ações.

CONTRATO DE ALINHAMENTO

Você e seu gestor precisam estar muito bem alinhados sobre quais são as prioridades e em que você gastará sua energia. Lembra-se do caso de uma profissional que contei na introdução do livro? Ela e seu chefe trabalharam durante um ano totalmente desalinhados, o que culminou em uma avaliação desastrosa, uma não promoção e uma profunda desmotivação da funcionária. É uma pena que ela não tivesse conhecimento do exercício de alinhamento do qual falaremos a seguir, pois isso teria salvado uma energia imensa dela, do chefe e da empresa. A falta de comunicação sobre o que é importante é uma tragédia anunciada que se repete todos os dias no ambiente corporativo.

Quero, também, usar um caso da minha carreira para ilustrar melhor o que vou dizer. Trabalhei com um diretor que era talentoso em quase todas as dimensões que se pode pensar de um profissional, menos em uma: alinhar meu escopo e meus objetivos para o trimestre. Ele era confuso, mudava de ideia o tempo todo, e eu nunca tinha certeza do que ele queria. Era um líder, digamos, 80%.

Um dia, tive uma ideia: durante nossa conversa de desempenho, anotei tudo o que ele disse que seria importante fazer para o outro trimestre. Na reunião seguinte que tivemos, trouxe uma lista com seis pontos principais que capturei e perguntei se tudo o que estava ali era o que ele gostaria que eu focasse. Ele leu, removeu um ponto e adicionou outro – algo que ele não tinha sequer mencionado em nossa conversa de desempenho. Criamos, ali, um contrato sobre o que era esperado de mim.

"Ah, Luciano, então é só criar uma lista e revisar com meu líder?" Não. É preciso sempre confirmar se o contrato ainda está válido. A estratégia que usei foi a de revisar tudo o que combinamos a cada trinta ou quarenta e cinco dias e verificar se era necessário fazer alguma mudança de direção ou recontratação. Tivemos alguns ajustes e chegamos ao fim do trimestre totalmente alinhados em relação ao que ele queria e o que eu fazia. A nossa próxima conversa de desempenho foi bem diferente da anterior.

Desde então, faço isso com todos os líderes que tenho em alguma dimensão em que acho que não estamos nos entendendo. Encaro isso como parte de um gerenciamento eficiente da minha própria carreira.

Enquanto eu passava por essa situação, poderia ter sentado para reclamar, afirmando que meu líder não sabia dizer o que eu precisava fazer. No entanto, em vez disso, resolvi ser proativo e gerenciar da melhor maneira possível algo que poderia afetar nossa relação e, principalmente, meu crescimento profissional.

A mesma técnica pode ser aplicada em diversas situações, seja devido à falta de objetivos, de direção, de entrega de projetos ou dos próprios resultados. Se seu chefe não deixa claro o que ele quer e precisa, puxe essa conversa e faça um contrato para os dois não terem uma surpresa desagradável na hora de prestar contas. Do contrário, a história continuará a mesma: você não vai entender o que fez de errado, e seu líder não compreenderá por que você não entendeu. Uma situação confusa, né? E é exatamente isso que devemos evitar.

Vai dar certo com todos os chefes? Com alguns líderes, o resultado será parcial. Com outros, o método funcionará de maneira integral. De todo modo, acredito que esse alinhamento acarretará algo de positivo para o trabalho de vocês dois. Outra opção é, como disse, sentar para reclamar. Essa, com certeza, não resolve nada.

Vamos agora olhar passo a passo como eu criei esse contrato e os pontos sobre os quais refleti ao fazê-lo:

Exercício de alinhamento

Quero que você reflita sobre o contrato que precisa ter com seu gestor e não tem. Vocês têm as prioridades bem alinhadas? O projeto realmente está indo tão bem como você pensa? O plano de carreira que fizeram juntos está se materializando? Temos uma infinidade de tópicos para discutir quando lidamos com nossos líderes, e ter um contrato para todos eles, ou pelo menos para os mais importantes, pode ser algo muito poderoso. Isso serve para qualquer momento da sua carreira – como já mencionei, aplico na minha até hoje. Vamos ao exercício:

1. Pense em todos os projetos, prioridades e iniciativas pelos quais é responsável, além das ações que você discute (ou deveria) com seu líder e que considera as mais importantes. Liste de três a cinco principais:
   a. _____
   b. _____
   c. _____
   d. _____
   e. _____

2. Crie um documento para ter todas as informações registradas de maneira que possa acompanhar e até mesmo compartilhar com seu gestor.
3. Agora, reflita sobre como vem discutindo cada uma delas com seu líder. Você está satisfeito com o nível de visibilidade que seu líder tem? Se alguém ou você mesmo questionar, hoje, o nível de importância e prioridade estará alinhado? Não caia na armadilha de ficar no "achismo", valide se isso é ou não verdade.
4. Marque uma reunião com seu líder, leve a lista e discuta cada um dos pontos listados. Só saia desse encontro com a certeza de que estão alinhados. E importante: não se esqueça de perguntar ao seu líder se não há nada mais que ele deseje acrescentar.
5. Use o que conversaram para atualizar sua lista e calibrar a ordem de importância de todos os pontos.
6. Se sentir abertura por parte do seu líder, marque uma reunião adicional para apresentar a lista atualizada e ter um contrato final baseado em tudo o que discutiram.
7. A cada três meses, ou o que for mais em conformidade com a cultura da sua empresa, verifique se não é preciso revisar o contrato.

Esse é um exercício extremamente poderoso para garantir que você e seu líder sempre estejam na mesma página. Ao trazer seu gestor para a criação do contrato, ele dificilmente se esquecerá do que combinaram, desalinhará ou exigirá algo que não conversaram durante o ciclo. Algo que nos ajudará muito em nossa carreira.

OFEREÇA AJUDA

Você já perguntou para sua líder o que a preocupa no trabalho e como poderia ajudá-la?

Existe um mito de que líderes são entidades que sabem tudo, que batem metas com os pés nas costas, para quem todos os dramas e rituais do mundo corporativo são fáceis de lidar e que são um tipo de super-herói corporativo. Isso não poderia estar mais longe da realidade. **Gosto de pensar que líderes, e sei que isso talvez não seja verdade em todas as culturas, são funcionários como todos os outros, apenas com um escopo diferente. Sentem medo, frustrações, inseguranças, preocupações com a carreira e todos as outras emoções que qualquer profissional sente.**

Em minhas conversas sobre carreira, muitas pessoas declaram que gostariam de ter uma relação, e principalmente uma parceria, melhor com seus líderes. Quando pergunto o que essa parceria significa, a resposta costuma ser: que ele me desenvolva, me ensine e me ajude com minhas aspirações profissionais.

Justo. Fazer tudo isso é, sim, papel e responsabilidade do líder. Contudo parceria significa, entre outras coisas, a colaboração entre duas ou mais pessoas para atingir determinado objetivo. Uma boa parceria acontece quando o relacionamento beneficia os dois lados, não apenas um. Deixo aqui, então, um desafio e uma reflexão para você fazer: você é parceiro do seu gerente? Além das suas expectativas, como você está contribuindo para essa parceria e para que possam ambos atingir seus objetivos? Lembre-se de que ele também é um funcionário, uma pessoa, com as mesmas necessidades e desafios que você.

Assim, pergunto novamente: você já perguntou para sua líder o que a preocupa no trabalho e como poderia ajudá-la?

"Ah, eu já tenho trabalho demais e não acho que meu gerente precise desse tipo de ajuda." Talvez você esteja certo, mas, com esse pensamento, afirmo com convicção que o que está procurando não é uma parceria, mas apenas mais uma relação entre subordinado e líder.

Se você pensa assim, eu o desafio novamente a mudar um pouco a dinâmica entre vocês. Saber quais são as preocupações do seu gestor e mesmo mostrar empatia e oferecer ajuda nos seus desafios é uma maneira poderosa de aproximá-los, fortalecer a parceria entre vocês e o time como um todo. Eu sempre fui e serei parceiro de todos os meus líderes.

Mesmo que você ainda tenha dúvidas, pergunte para seu líder como você poderia ajudá-lo. O mínimo que pode acontecer é ele se sentir muito bem com sua empatia, preocupação e oferta de ajuda. Aposto que vão sair muito mais coisas boas dessa mudança de comportamento.

NEM SEMPRE ENTENDEREMOS

Um amigo gerente de uma equipe de vendas me ligou porque não estava sabendo lidar com um clima ruim que tinha surgido no seu time. Ele estava sendo questionado seguidamente por alguns membros da equipe que queriam saber o motivo da demissão de uma pessoa que havia ocorrido recentemente. Meu amigo sentia que eles estavam com muita raiva dele e inconformados com a decisão, já que a pessoa desligada era muito querida e admirada por todos.

A fofoca que corria era que meu amigo a havia demitido porque estava se sentindo ameaçado por ela – fofoca que, ele veio a saber depois, foi confirmada pela demitida a uma parte do grupo. A realidade era bem diferente disso. A profissional foi desligada porque fraudara algumas informações do sistema para ter vantagem na sua avaliação de desempenho e em seu bônus no fim do ciclo. Uma longa investigação não deixou dúvidas de que ela fazia isso havia algum tempo, e meu amigo nem sequer teve voz em decidir se ela deveria ou não ser demitida. A ordem veio direto do time de investigação.

E por que, então, ele simplesmente não contou o real motivo para todo o time? Em grande parte das empresas multinacionais, não é permitido comentar a razão da demissão de um funcionário para que sua privacidade seja preservada e que não existam questões legais no futuro. Ele poderia ter feito isso "por baixo dos panos"? Poderia, mas ele é ético demais para seguir esse caminho. Preferiu enfrentar a ira de parte do time a expor a pessoa, mesmo ela o acusando de algo tão grave como fez.

Estou usando um caso extremo para trazer à luz o fato de que muitas decisões que seu gestor toma não podem ser compartilhadas, até mesmo, como vimos aqui, quando isso o deixa muito mal às vistas de toda a equipe. Não estou dizendo que temos que fechar os olhos e aceitar qualquer decisão maluca que vier de nossos líderes, também não estou dizendo que não pode ficar chateado com algo que ele fez e você não esperava, mas que é importante considerar que talvez exista uma perspectiva que você não conheça (e talvez nunca conhecerá).

Não seja tão rápido ao julgar e condenar seu gestor por uma situação da qual você não tem todos os detalhes ou por uma decisão difícil que ele tomou. Talvez haja, ali, muito mais do que você possa imaginar. Dê ao seu líder o benefício da dúvida.

TENHA CONVERSAS DIFÍCEIS

Eu me lembro bem do dia em que uma colega entrou na minha sala e perguntou se eu tinha alguns minutos para falar. Minha agenda estava lotada, mas, só de olhar para ela, percebi que era algo importante e fiz alguns ajustes nos meus compromissos. Minha colega, então, me contou como estava tendo dificuldades enormes com um novo gerente; ela tinha certeza de que ele pegava no seu pé, não gostava dela e era mais exigente do que o necessário. Na quase uma hora de papo que tivemos, ela chegou a me convencer de que seu gerente realmente estava fazendo de tudo para sabotá-la e diminuí-la perante o time, e isso só poderia significar uma coisa: ele queria a cabeça dela.

Na segunda ou terceira conversa que tivemos, percebendo que ela estava cada vez mais preocupada e ansiosa com a relação entre os dois, eu a incentivei a sentar e ter uma conversa franca com seu gerente sobre tudo o que estava acontecendo. Por ser uma profissional mais experiente, era o ideal a se fazer para tirar de uma vez todo aquele peso de seus ombros. Minha colega não topou, achando que as coisas poderiam piorar e que talvez o tempo desse um jeito naquilo tudo. Não deu. Quando eu estava a ponto de ter uma conversa séria com ela e até mesmo inserir o RH no assunto, ela entrou na minha sala, fechou a porta e me disse: "Você não vai acreditar no que aconteceu, eu acabei de ser promovida".

No fim, o gerente não tinha problema algum com ela, era um pouco exigente (depois, chegamos à conclusão de que era apenas diferente do anterior), um pouco duro na maneira de agir, mas gostava tanto do trabalho dela a ponto de manter o ritmo de sua promoção mesmo com pouco tempo trabalhando juntos. Ela sofreu tanto por algo que nem sequer existia, e isso poderia ter sido evitado com um simples ato: uma conversa difícil.

Gosto dessa história porque ela mostra bem como podemos criar monstros que não existem, construir julgamentos de outras pessoas sobre nós e um monte de outras coisas que não são necessariamente verdadeiras, ainda mais as relacionadas a nosso líder direto. Eu sei que sentar e falar "eu acho que você não gosta de mim, e aqui estão os motivos" não é uma conversa fácil, mas é necessária. Acha que seu gerente não o promoverá? Pergunte. Acha que não gosta de você? Converse com ele para entender se isso é ou não verdade.

Precisamos criar coragem e, principalmente, o hábito de ter conversas difíceis com nosso líder. O contrário disso é viver no escuro, na dúvida, no "achismo" e carregando um peso que, por vezes, é desnecessário. E, mesmo que suas dúvidas e suspeitas sejam verdadeiras, é preciso endereçá-las o quanto antes.

Aprender a conversar com seu líder é como um músculo; quanto mais exercitado, melhor fica. Comece a gerenciar o seu.

PRECISAMOS CRIAR CORAGEM E, PRINCIPALMENTE, O HÁBITO DE TER CONVERSAS DIFÍCEIS COM NOSSO LÍDER.

CAPÍTULO 8
DECLARE SUA INTENÇÃO

Não, o mundo não tem que saber o que desejamos. Nem o mundo, nem seu líder, nem seus colegas, nem mesmo as pessoas mais queridas do nosso âmbito pessoal. Quando queremos alguma coisa, temos que parar, tomar um fôlego profundo e gritar para todo mundo ouvir o que está em nossa cabeça e em nossos desejos.

Levando o assunto para dentro do mundo corporativo, uma das confusões que mais vejo acontecer é de profissionais que acham que a empresa onde trabalham e seus gestores têm que adivinhar o que eles querem, a que aspiram e o que estão pensando sobre a própria carreira. Já falamos disso na introdução do livro e vou repetir: **não terceirize sua carreira**. Sim, achar que os outros devem adivinhar o que desejamos é terceirizar o serviço. Se você não falar o que quer, ninguém vai saber. Muito menos seu líder.

Declarar suas intenções é uma das ferramentas mais eficientes para atingir seus objetivos, e você deve usar e abusar dela, desde o começo da sua carreira. Aprendi isso cedo na minha e, desde então, é uma das primeiras estratégias que repasso a todos os profissionais ao meu redor, pois eu conheço e já testemunhei diversas vezes o poder de declarar para as pessoas o que você busca.

Há alguns anos, trabalhei com um jovem profissional chamado Thiago. Ele estava em seu primeiro ou segundo emprego e entrou em uma das posições iniciantes de gerente de contas. Apesar de não se reportar diretamente a mim, mas a um dos gerentes que fazia parte do time que eu liderava, tivemos uma conversa. Eu sempre tive – e tenho até hoje – o costume de falar com todos os membros da equipe para conhecê-los melhor, saber o que buscam, receber feedback e ideias que podem ajudar a manter o ambiente melhor. Papo vai, papo vem, perguntei para ele, passados alguns meses que estava na empresa, quais novas áreas tinha conhecido e o que ele gostaria de explorar no futuro, como um possível caminho de carreira. Ele se assustou um pouco com minha pergunta.

Depois que amenizei sua desconfiança e lhe garanti que não tínhamos a intenção de nos livrar dele tão cedo, ele me disse que nunca havia pensado nisso, que exploraria um pouco mais as áreas da empresa (essa parte é tão importante que vou propor um exercício a seguir) e me falaria em nossa próxima conversa. Alguns meses depois, logo que entramos na sala para começar nosso bate-papo, ele já soltou antes mesmo do bom-dia: "Adorei o trabalho que o time de vendas desenvolve, é lá que eu quero estar em alguns anos". Durante todos aqueles trinta minutos de conversa, tratamos do que era preciso para ele desenvolver as habilidades necessárias para essa nova função, e dei outras dicas de como ele poderia conhecer mais a área e as pessoas que trabalhavam lá.

Por coincidência, eu estava no refeitório da empresa nessa mesma semana e o diretor do time de vendas se sentou à mesa para batermos papo. Já no café e depois de falarmos sobre algumas amenidades, lembrei-me da declaração do Thiago e comentei com ele que havia uma pessoa no meu time com vontade de integrar o time de vendas no futuro, mas que ainda tinha um longo caminho de aprendizado pela frente. Ele concordou e me disse para sugerir ao Thiago que marcasse um papo com ele, a fim de falarem sobre oportunidades no futuro.

Dois anos depois, quando eu já mal me lembrava dessa história, o diretor de vendas e eu estávamos em uma mesma reunião quando ele disse para todos que tinha algumas vagas abertas e que adoraria indicações. Ele se virou para mim e perguntou se o Thiago, do meu time, ainda estava interessado e, quando lhe perguntamos, estava. Nós o incentivamos a se candidatar à vaga, ele participou do processo seletivo e passou. Não só passou como ficou muitos anos na área e se encontrou na posição.

Pense comigo: dois anos antes, alguém demonstrou uma intenção e, então, ela se materializou. Dois anos antes, alguém plantou uma sementinha que, só depois desse tempo, brotou e deu frutos. Esse é o poder de declarar nossas intenções. Não é algo de curto prazo, que acontecerá amanhã, mas um evento que se desencadeia e pode ter diversas ramificações e resultados positivos em algum momento no futuro.

Quando você diz para o mundo o que quer, ele faz acontecer como se fosse mágica. Contudo, não é mágica. É você construindo o que quer com uma intenção.

Exercício: explore a empresa em que trabalha

Uma das maneiras mais incríveis de declarar intenção, mesmo quando não se tem certeza do caminho profissional a seguir, é explorar as demais áreas do seu local de trabalho. Uma maneira eficiente de fazer isso é tomar um café com pessoas que trabalham em outros departamentos, perguntar como é o dia a dia delas, quais são os desafios e o que mais gostam em relação às suas atividades. Se a cultura da sua empresa permitir, faça isso também com os líderes desses mesmos times. Se você já tem a mesma certeza do Thiago sobre a área para a qual gostaria de ir, declare essa intenção, pergunte como poderia se preparar para esse desafio e mostre que está à disposição caso a oportunidade surja.

A HISTÓRIA DO CHOCOLATEZINHO

Um colega querido que trabalhou comigo no passado me chamou para almoçar, pois estava com algumas questões e queria uma perspectiva adicional e alguns conselhos. Ele sentia que não estava avançando como gostaria no trabalho; queria ser promovido, pois tinha a intenção de seguir a carreira de líder e desejava dar os primeiros passos para isso acontecer. Quando nos aprofundamos um pouco no assunto, ele me contou que a empresa na qual trabalhava tinha um programa de estágio e que alguns estagiários eram alocados para se reportar a profissionais que demonstravam habilidades para serem líderes no futuro. Era o jeito perfeito de começar!

Perguntei o que a gerente dele achava sobre ele seguir a carreira de líder e se candidatar para ter alguns estagiários sob sua responsabilidade, e aí veio a surpresa: ele nunca tinha discutido isso com ela ou sequer mencionado esse seu desejo. Não havia nenhuma declaração de intenção, nenhuma sementinha plantada. O motivo de ele nunca ter falado disso era receio de como poderia soar e ser interpretado. Esse medo é o que faz com que muitos, mas muitos profissionais nunca declarem o que querem, o que pensam e aonde querem chegar.

Quando isso acontece, o caminho se torna tão mais difícil, tão mais custoso e, às vezes, completamente fechado. Tivemos uma longa conversa sobre a importância de ele ter um papo franco com a gerente e colocar tudo o que estava pensando para fora, mesmo com seus receios.

Já no fim do nosso almoço-mentoria, pedimos um café e a conta. O dele, expresso, veio com uns pequenos chocolates em um pires, e o meu, coado, sem nada. Como eu era cliente antigo do local e conhecia bem seus rituais, perguntei ao garçom se não tinha mais a casquinha doce de laranja que sempre vinha

DECLARAR SUAS INTENÇÕES É UMA DAS FERRAMENTAS MAIS EFICIENTES PARA ATINGIR SEUS OBJETIVOS, E VOCÊ DEVE USAR E ABUSAR DELA, DESDE O COMEÇO DA SUA CARREIRA.

com o café coado que eu pedia. Para minha decepção, ele me disse que havia acabado e esperava a chegada de uma nova remessa. Com uma feição de criança que não ganhou o doce que queria, soltei um: "Que pena! Só pedi o café por causa da casquinha".

Quando já tínhamos esquecido a história e quase acabávamos o café, o garçom voltou com um copo pequeno cheio de chocolatezinhos e disse que era por conta da casa para compensar a falta da casquinha. O meu colega se virou para mim com uma feição espantada e disse: "Não sei se você fez isso de propósito, mas agora entendi totalmente o que quis me dizer quanto a declarar minha intenção".

Não, eu não fiz aquilo de propósito, eu estava no automático quando me comportei daquela maneira. Contudo o momento foi espetacular para mostrar o poder de declarar nossas intenções até mesmo para as pequenas coisas, como um doce grátis de um café.

MUITAS PERGUNTAS, O MESMO CONSELHO

Um dos motivos de meu usuário nas redes sociais ser @lucianoresponde é porque recebo uma avalanche de perguntas de todos os tipos dos meus leitores. Muitas delas são de pessoas que têm intenções, mas não sabem como ou não têm coragem de expressá-las.

Esta pergunta que recebi é um exemplo real do que estamos falando até agora: "Luciano, estou em uma empresa faz seis meses como terceirizado, e meu contrato será estendido por mais três meses. Estou me coçando para perguntar ao meu gerente se existe a possibilidade de eu ser efetivado (aconteceu com outras pessoas). Você acha que isso é precipitado? Vai parecer que estou pressionando?".

Esse caso é interessante. O profissional sabe o que quer, e não apenas isso, sabe que outras pessoas anteriormente declararam a intenção delas e tiveram um resultado positivo. Mesmo assim, ele reluta em demonstrar sua intenção com medo do que isso pode causar. Você já deve imaginar qual foi minha resposta para esse leitor: "Corra lá e demonstre sua intenção o quanto antes! Se não o fizer, outra pessoa pode fazer, um candidato externo pode aparecer, e a oportunidade pode passar por você sem que consiga agarrá-la".

Claro que, em um mundo ideal, o gerente já teria se adiantado e tido uma boa conversa sobre a possibilidade de a vaga ser convertida em efetiva, indicado o que o funcionário poderia fazer para ter mais chances de consegui-la e fornecido o contexto necessário para que tivesse paz de espírito e uma noção real das possibilidades (e deixo esse pensamento como conselho para todos os líderes que têm colaboradores em situação parecida), mas o mundo em que vivemos está longe de ser o ideal. Na maioria das vezes, você precisa declarar suas intenções. Se não o fizer, ninguém fará por você.

ATITUDES COM INTENÇÃO

"Luciano, trabalho em uma empresa cuja cultura pode ver como algo negativo declarar sua intenção." Essa foi a resposta que recebi em uma das vezes que dei esse meu conselho. Tudo bem, eu entendo, realmente existem culturas tão fechadas e formais que o simples ato de dizer o que se quer pode ser interpretado de maneira negativa. Entendo também que, para algumas pessoas, declarar suas intenções diretamente pode ser apavorante e quase impensável de fazer acontecer. Ainda assim, acho que a melhor coisa a se fazer é ir lá e "se declarar". Talvez você descubra que está em uma cultura corporativa muito ruim e que precisa mudar, talvez você descubra que estava errado o tempo todo quanto a ter medo de dizer o que quer.

Contudo existem maneiras mais sutis de declarar sua intenção. Se voltarmos ao caso do almoço-mentoria que discutimos há pouco, uma boa maneira de demonstrar que você deseja um cargo de liderança, por exemplo, é fazendo cursos e consumindo conteúdo a respeito do assunto. Há, também, inúmeras possibilidades de explorar sua liderança, por exemplo, participando de trabalhos voluntários, na igreja do seu bairro ou até mesmo organizando a comunidade para fazer um mutirão para limpar uma praça nos arredores.

Se acha que falar para o seu líder que você deseja ser o próximo gerente do time é ousado demais, tente, sutilmente, mostrar a ele que você está fazendo coisas para ir nessa direção. Diga que está fazendo um curso de liderança e conte um pouco do que está aprendendo. Pergunte como foi a experiência dele, se tem alguma indicação de livro ou mesmo sugestão de como explorar o tema.

Apesar de atitudes e ações também mostrarem o que a gente quer, nada substitui uma boa declaração de intenção em alto e bom tom: "Isso é o que eu quero".

CORRENDO PARA OU CORRENDO DE?

A última dica que gostaria de deixar sobre declarar sua intenção é garantir que você esteja demonstrando a correta. Essa dica foi uma das melhores lições sobre recrutamento que eu recebi e veio de uma diretora com a qual trabalhei há alguns anos. Em nossa reunião semanal, mencionei um candidato interno que havia entrevistado para nosso time. Ela então me perguntou se ele estava *running to or running from* (em tradução literal: "correndo para ou correndo de"). Depois que fiz cara de paisagem, ela me explicou que é importante entender a intenção do candidato à vaga, se ele realmente está interessado no que a vaga tem a oferecer e em trabalhar no time (correndo para) ou se está apenas "fugindo" da sua função atual (correndo de). Esse conceito é brilhante, porque eu mesmo já me encontrei nessas duas situações em diferentes momentos da minha carreira e acredito que você, que está no meio desta leitura agora, também.

Qualquer gestor quer candidatos que estão "correndo para", e não apenas tentando se livrar de uma função ou um lugar que já não lhes serve mais.

Lembrei-me dessa lição quando um amigo querido, diretor de uma empresa de tecnologia, compartilhou comigo uma história. Um funcionário de outro setor que ele conhecia pouco perguntou se podiam tomar um café para conversarem sobre uma vaga no time do meu amigo. Quando ele questionou ao potencial candidato por que tinha se interessado pela vaga, este disse que já estava na função atual havia anos, que não tinha muito mais a aprender com o gerente atual, estava desmotivado e queria algo novo. Meu amigo perguntou mais uma vez sobre a vaga em si e percebeu que a pessoa nem sequer fizera o básico: ler a descrição do escopo ou descobrir qualquer informação sobre a função e a área. Era um grande "correndo de" a toda velocidade.

Meu amigo foi bem direto no feedback, disse para a pessoa que estava mais interessado em saber por que ela queria aquela vaga do que os motivos para sair da atual. Pediu-lhe também que lesse a descrição com atenção e sugeriu que conversasse com duas pessoas que já exerciam a função e poderiam lhe explicar o dia a dia. Após isso, poderia procurá-lo para conversarem a respeito do assunto novamente.

Os perigos do "correndo de"

Nosso primeiro instinto quando estamos insatisfeitos em qualquer área de nossa vida é procurar algo diferente, então isso vale também para nossa carreira. E alguns profissionais cometem o erro de aceitar qualquer oportunidade para se livrar do que os está incomodando.

Recentemente, trabalhei com um jovem em minhas sessões de mentoria. Fugindo de uma chefe confusa e de um emprego que já não lhe oferecia mais qualquer satisfação ou oportunidade de crescimento, ele aceitou a primeira oferta que recebeu de outra empresa. Só que se deparou com um diretor ríspido – com o qual não conseguia encontrar nenhuma afinidade nos três primeiros meses em que trabalharam juntos – e com atividades diárias ainda menos desafiadoras do que as do emprego anterior. Quando lhe perguntei o motivo de ter feito essa mudança sem ter pesquisado um pouco mais sobre a empresa, sobre o futuro líder e, principalmente, sem ter alinhado essas informações com o que gostaria de fazer, a resposta foi no cerne dessa nossa discussão: "Eu só queria sair dali o mais rápido possível".

As vantagens do "correndo para"

Se um dia você se deparar com uma situação parecida, "pare, respire e não pire". Em vez de considerar uma mudança apenas porque está insatisfeito com seu emprego atual, reflita sobre os motivos da sua insatisfação. Use-os como combustível para mapear o que é que você busca e quer. Uma liderança inspiradora? Mudar a natureza do trabalho? Mais motivação? Depois de refletir bem sobre o que o está incomodando, aproveite esse material para fazer o exercício inverso: o que você realmente quer encontrar em um novo desafio? Liste seus desejos: ter um líder inspirador, trabalhar na indústria da educação, aprender mais etc. Essa lista, além de ser o seu norte para alcançar um novo desafio, pode evitar que essa insatisfação se repita e o faça correr de um lado para o outro fugindo do fogo. Não corra, mas, sim, caminhe na direção de onde encontrará o que está procurando.

Fica aqui uma boa lição para todos nós. Quer partir para uma nova oportunidade? Mostre seu interesse genuíno, diga por que realizaria aquilo bem, o que agregaria para o time e faça a lição de casa de descobrir se a oportunidade está alinhada com o que você quer.

Mostre que você está "correndo para", não "correndo de".

NADA SUBSTITUI UMA BOA DECLARAÇÃO DE INTENÇÃO EM ALTO E BOM TOM: "ISSO É O QUE EU QUERO".

CAPÍTULO 9
TENHA UM MENTOR

"O equilíbrio delicado de ser mentor de alguém é saber que não se deve moldá-lo à sua imagem, mas lhe dar a oportunidade de moldar a si mesmo." – Steven Spielberg

No capítulo 3, falei sobre a importância de aprender com profissionais mais experientes e que têm muito a compartilhar e ensinar; agora, quero falar um pouco sobre o papel de um mentor em nossa carreira. Há, no imaginário coletivo, uma imagem quase mitológica do mentor; é sempre aquela pessoa idosa, forte e sábia, com muita experiência, que mudará sua vida com apenas uma frase. A minha imagem é um pouco mais modesta e realista. Vejo o mentor como alguém que vai escutar seus anseios, dividir a própria experiência e debater possíveis caminhos e soluções para o que quer que seja.

VEJO O MENTOR COMO ALGUÉM QUE VAI ESCUTAR SEUS ANSEIOS, DIVIDIR A PRÓPRIA EXPERIÊNCIA E DEBATER POSSÍVEIS CAMINHOS E SOLUÇÕES PARA O QUE QUER QUE SEJA.

Quando alguém me pergunta qual é meu papel como mentor, sempre dou a mesma resposta: **é ajudar as pessoas a expandir suas perspectivas**. Não tomarei decisões por elas, não pedirei que tomem banho gelado nem lhes direi uma série de frases prontas e jargões. A verdade é que eu não tenho todas as respostas. Então o mentorado e eu trabalharemos juntos. Vamos mergulhar no assunto em pauta e revirá-lo, esticá-lo e olhá-lo por ângulos que talvez não fossem possíveis de conceber antes. Esse é o poder que eu vejo em uma mentoria bem-sucedida – fazer você enxergar o que está ali na sua frente, mas você não conseguia ver; tirar uma informação do ponto cego e mostrar que há muito mais a ser considerado em uma situação. Esse processo, quando bem-feito, é incrivelmente poderoso.

Durante nossa vida corporativa, vamos nos deparar com muitas situações com as quais não sabemos lidar. Eu devo aceitar aquela oferta de trabalho? O que faço quando alguém grita comigo no escritório? Como se relacionar com aquele colega difícil e não colaborativo? Enviaram um e-mail para todos me ofendendo, eu respondo (mais adiante conto mais sobre esse caso)? São tantas situações, tantos caminhos, tantos dramas e tantas dúvidas... Ter um mentor para nos ajudar a interpretar tudo isso, a lidar com a política corporativa, nos contar o que fez em situações semelhantes e nos ajudar a ver o que está invisível é necessário. Isso vale tanto para um recém-contratado quanto para um profissional mais sênior e experiente. Uma pesquisa da *Harvard Business Review* feita com um grupo de CEOs mostrou que, para 84% deles, ter um mentor fez com que desempenhassem suas funções de maneira mais eficiente e errassem menos em suas decisões.[11]

---

11 JANASZ, S.; PEIPERL, M. CEOs Need Mentor Too. **Harvard Business Review**, abr. 2015. Disponível em: https://hbr.org/2015/04/ceos-need-mentors-too. Acesso em: 14 set. 2021.

Eu tive muitos mentores na minha carreira e aprendi muito com eles. Nem consigo imaginar como a vida seria mais difícil e como eu chegaria aonde cheguei sem seus conselhos, ensinamentos, compartilhamentos de experiência e papos incríveis. Provavelmente, nem estaria escrevendo este livro.

E-MAIL DE CABEÇA QUENTE

Mentorias não são necessárias apenas para casos cabeludos ou grandes eventos de carreira; elas podem e devem ser para qualquer situação do dia a dia que nos impacta – mesmo que seja algo tão mundano quanto responder a um e-mail agressivo, por exemplo.

Eu liderava um projeto no qual experimentávamos um time de vendas terceirizado em parceria com uma grande empresa de telemarketing. Era um projeto tão importante que o time global acompanhava bem de perto, pois tinha potencial de ser lançado em outras regiões se apresentasse bons resultados. Eu era o responsável por enviar um relatório semanal a um grupo de cerca de trinta executivos de diversos países para reportar o andamento de tudo.

Em um desses relatórios semanais, cometi um erro na fórmula da planilha que influou os resultados daquela semana. Apesar de ser um equívoco importante, ficou claro para todos que algo estava errado e inconsistente quando comparávamos os números com os das semanas anteriores.

Um diretor de outra região notou o erro e mandou um e-mail bem agressivo copiando a todos, dizendo que era um absurdo aquele tipo de erro, que o relatório era amador e eu, um irresponsável e usou várias outras palavras pesadas. Aquilo me deu um gatilho tão imediato que, bastante irritado, comecei a escrever uma resposta no mesmo tom ofensivo, contra-atacando com a mesma agressividade.

Quando estava prestes a enviar o e-mail, minha diretora me chamou em sua sala para falar sobre o caso. Expliquei o que acontecera, mostrei a resposta que havia redigido e disse que a mandaria dali a pouco, mas ela comentou o seguinte: "A resposta é justa, mas vá para casa, durma, volte, leia o e-mail pela manhã e, se ainda achar que está bom, envie-o".

Sem entender muito bem e totalmente contrariado, adiei minha "vingança" para o outro dia. Acordei com a história na cabeça. Quando cheguei ao escritório, reli o e-mail e não tive coragem de enviá-lo. Percebi que a resposta era tão agressiva quanto a que recebera e que apenas geraria mais conflito e estresse para todos os envolvidos. Reescrevi o e-mail dizendo que realmente havia cometido um erro e que atentaria para os futuros relatórios.

Algumas horas depois, o diretor me ligou pedindo desculpas, dizendo que mandou aquela resposta em um dia ruim e me agradecendo por ter respondido com tanta educação. Ele fez o mesmo pedido de desculpas por e-mail e com todos em cópia no fim do dia.

Essa foi uma das mentorias mais incríveis que eu recebi, e gosto de repassar o ensinamento para quem posso: não se responde agressividade com mais agressividade, principalmente por e-mail – e, se fizer isso de cabeça quente, é o que vai acabar acontecendo. A minha diretora poderia ter simplesmente me dado a ordem de não enviar o e-mail, mas ela quis expandir minha perspectiva, sabendo que, pela manhã, quando eu não estivesse mais no calor do momento, não teria coragem de enviá-lo.

UM EXEMPLO DE LIDERANÇA

"Sua supervisora disse que você está doente e que isso seria um problema na sua contratação, mas queria ouvir de você antes."

Um bom mentor e uma boa mentoria podem moldar nosso comportamento de modo profundo e positivo para o resto de nossa carreira. Uma das que mais ficaram marcadas na minha história começou com a frase acima. Eu participava de uma entrevista, nos meus tempos de UOL, com um novo diretor chamado Fábio – ele havia sido contratado para criar uma nova área de suporte por e-mail, e me candidatei à vaga porque gosto de escrever e sabia que o ambiente seria menos agressivo do que aquele em que eu ficava pendurado no telefone o dia todo.

Quando participei desse processo seletivo, eu passava por um desafio pessoal. Vinha de um ritmo louco de vida em que estudava à noite e trabalhava de madrugada, o que me deixava com apenas quatro ou cinco horas por dia para dormir. Acabei desenvolvendo crises de pânico, nas quais eu "travava" e não conseguia me mexer nem falar. Tive dois episódios desses na empresa, e a minha supervisora achou que era relevante contar para o diretor durante o processo, mesmo tendo prometido não contar.

Fui honesto em nossa entrevista. Contei em detalhes o que estava acontecendo comigo e sobre meu tratamento para melhorar. Depois de uns vinte ou trinta minutos de conversa, Fábio me disse: "Não julgo as pessoas por casos isolados. Se você está me dizendo que consegue fazer o trabalho, eu acredito. Passou em todas as entrevistas, seja bem-vindo ao time". Ele foi o primeiro líder que acreditou no meu potencial e apostou em mim mesmo diante de meu quadro clínico e, por isso, serei eternamente grato.

Esse foi o primeiro exemplo de liderança humanizada que tive e, mesmo sem ele saber, sua atitude impactaria o comportamento de outro líder (eu) na maneira de lidar com as pessoas em seu time. Se eu me esforço para ser um líder humanizado hoje é porque esse caso me marcou de um modo que nem sei explicar. Sou duplamente agradecido, pela oportunidade e pela lição que recebi. Ele é um mentor incrível com quem mantenho contato até hoje.

UM BOM MENTOR E UMA BOA MENTORIA PODEM MOLDAR NOSSO COMPORTAMENTO DE MODO PROFUNDO E POSITIVO PARA O RESTO DE NOSSA CARREIRA.

MENTORIA *VERSUS* COACHING

Quando falo de mentoria, muitas pessoas pensam que é coaching. Quando falo de coaching, pensam que é mentoria. Só que um é diferente do outro e vale o esclarecimento. Apesar de eu também ter formação em coaching pela escola canadense Erickson College, meu formato preferido é a mentoria.

Uma maneira resumida de explicar é dizendo que o mentor é alguém que tem experiência na área em que ele mentoreia, já vivenciou muitas situações dentro dela, vai compartilhar o que sabe e oferecer soluções, conselhos e até mesmo dizer o que faria no seu lugar. Um coach seguirá uma metodologia específica que se baseia em usar e abusar de perguntas a fim de guiar o profissional para a resposta que está procurando. Ele não dará conselhos, geralmente não tem experiência na área e o ajudará a criar suas próprias ferramentas para lidar com o que quer que seja. A seguir, uma tabela para ilustrar melhor as diferenças entre um e outro:

Mentoria	Coaching
Aconselha	**Pergunta**
Geralmente **informal**	**Estruturado**
Sem tempo determinado	**Começo, meio e fim**
Experiência na área em que mentoreia	**Formação em coaching**, irrelevante ter experiência na área
Compartilha o que sabe e o que aprendeu	Segue uma **metodologia baseada em questionar para ensinar**
Oferece soluções e respostas, dá **conselhos diretos** e **diz o que faria** na mesma situação	Faz com que a pessoa **crie ferramentas** próprias para lidar com a situação, **nunca diz o que ela deve fazer**

Ambas são metodologias poderosas que podem trazer bons resultados. Minha opção por seguir o caminho da mentoria é pessoal; considero a prática mais alinhada com minha personalidade (diretiva) e foi com ela que melhor me adaptei e vi resultados depois de testar as duas.

Não importa se é mentoria ou coaching, ter alguém para conversar e trabalhar suas questões profissionais pode fazer uma diferença enorme em sua carreira. Tenha um profissional desse ao seu lado.

COMO ENCONTRAR UM MENTOR?

"Okay, Luciano, você me convenceu de que preciso de um mentor, mas como encontrar um?" Essa é, possivelmente, a pergunta que você está se fazendo agora. Há muitos caminhos para encontrar um bom mentor, e o que mais tem funcionado para mim é ter uma boa conexão com meus líderes a ponto de se tornarem mentores, mas não é a única opção. Alguns caminhos possíveis:

Faça do seu líder um mentor. Nos dois casos que citei há pouco, os mentores foram meus próprios líderes, e um deles continuou a ser mesmo depois de já não trabalharmos juntos. Isso pode acontecer em situações do dia a dia ou até mesmo ser incentivado por você. Se sente que seu líder não age como um mentor, comece a instigá-lo a isso. Pergunte sobre sua trajetória para chegar aonde chegou, apresente a ele casos em que não sabe o que fazer e pergunte como ele os resolveria. Peça que tenham papos mais frequentes sobre suas carreiras e diga que gostaria que ele fosse, além de seu líder, um mentor. Aqui também vale declarar a intenção.

Seu círculo profissional. Além dos líderes, há todo um universo de pessoas que trabalha ao nosso redor e, entre elas, existem bons candidatos a mentor. Seja um colega mais experiente, seja alguém de outro departamento ou até mesmo alguém de fora do seu trabalho. Tente identificar pessoas das quais você admira a postura, a trajetória, a maneira de se comunicar ou qualquer outra questão sobre a qual gostaria de receber mentoria. As pessoas com quem trabalhamos, mesmo que de modo indireto, serão mais propensas a aceitar um convite. Uma dica adicional é, primeiro, marcar um café para falar sobre carreira em vez de já jogar a bomba da mentoria. Sinta o terreno e, quando achar que há abertura, faça o pedido.

Os mentores do amanhã. Outra opção interessante é encontrar profissionais, tanto do seu círculo quanto de fora dele, que estejam em crescimento e, provavelmente, ainda não mentoram ninguém. Talvez aquele VP famoso da indústria nunca tenha tempo ou disposição para mentorá-lo, mas aquela profissional que acabou de se tornar gerente, diretora ou está em um cargo que você almeja, sim. Lembro-me de um pedido de mentoria que recebi bem no começo da minha vida gerencial; nunca havia recebido uma proposta parecida, e aquele pedido me fez me sentir bem, despertou minha curiosidade e me levou a aceitá-lo com um belo sorriso no rosto. Tenho certeza de que há muitos desses profissionais por aí que também abririam um sorriso para uma proposta similar.

LinkedIn. Muita gente recorre à ferramenta para encontrar líderes e referências em praticamente todas as indústrias – e eles realmente estão lá, mas a má notícia é que não é nada fácil conseguir um mentor dessa maneira. Na verdade, não é fácil sequer ter o pedido de conexão respondido, imagine então conseguir o aceite para ser seu mentor sem ao menos conhecê-lo. Não acho que seja a melhor maneira de encontrar um, mas, caso queira tentar, você terá melhores chances se, antes de pedir qualquer coisa, começar a seguir seu "candidato a mentor", se engajar nos conteúdos dele, comentar nas publicações e se fizer notar.

Falo por experiência própria. Muita gente me procura e me pede para ser seu mentor, mas, além do excesso de pedidos, me falta tempo e intimidade; gosto de conhecer ao menos um pouco o profissional para saber como pensa e o esforço que está fazendo por si só antes de decidir mentorá-lo. Já abri algumas exceções, mas foram casos raros.

Mentoria profissional (paga). Outro dia, acompanhei um longo debate sobre o assunto em uma publicação no LinkedIn. Alguém havia perguntado: "Mentorias deveriam ou não ser pagas?". Surgiram muitas opiniões diferentes; alguns acreditando que pode ser um investimento valioso na carreira, e outros dizendo que mentoria há de graça, em abundância, e ninguém deveria gastar com isso. Antes de dar minha opinião, saiba que sou mentor profissional em uma pequena parte do meu tempo e cobro por isso. Leve isso em consideração ao decidir se o que penso faz ou não sentido para você (na verdade, aja desse modo em relação a tudo na vida).

Mentorias podem, sim, ser contratadas. Há mentores profissionais incríveis no mercado, e quem pode pagar pelo serviço deve ter acesso a eles. O mesmo vale para muitos outros profissionais de qualquer indústria. Deveríamos, por exemplo, pagar um personal trainer? Há diversos apps que fornecem séries de exercícios, vídeos e muita informação de graça. Ainda assim, as pessoas que podem contratam um personal. Elas são, na minha experiência, as que têm os melhores resultados. Deveríamos contratar uma nutricionista? Há um monte de sites, perfis no Instagram e canais no YouTube com um vasto conteúdo gratuito. Apesar disso, as pessoas marcam consultas com nutricionistas e obtêm excelentes resultados.

Há conteúdo gratuito para tudo o que a gente quiser, incluindo mentoria, o que ajuda muitas pessoas, principalmente as que não podem arcar com esse investimento. Agora, se você deseja acelerar os resultados e ter um atendimento personalizado e pode pagar por esse serviço, essa é, sem dúvida, uma ótima opção.

Não importa se seu mentor será seu gerente, alguém do seu círculo profissional, um familiar bem-sucedido ou até mesmo um profissional contratado. O essencial é entender a importância de ter essa figura em sua vida e, quando estiver pronto, achar um mentor para chamar de seu. Não tenho dúvidas de que isso mudará completamente a maneira como você olha para sua carreira.

NÃO IMPORTA SE É MENTORIA OU COACHING, TER ALGUÉM PARA CONVERSAR E TRABALHAR SUAS QUESTÕES PROFISSIONAIS PODE FAZER UMA DIFERENÇA ENORME EM SUA CARREIRA.

10

CAPÍTULO 10
DEZ HÁBITOS QUE TRAVAM SUA CARREIRA

Não é fácil escrever um livro sobre como lidar com sua carreira. São tantas questões, tantas perspectivas, tantos caminhos, tantas indústrias com dinâmicas e pensamentos diferentes... O que eu fiz até agora foi abordar os temas com os quais mais me deparei ao longo da minha carreira, nas minhas conversas, nos meus estudos e, claro, aqueles que considero mais relevantes. No entanto, eles não são, nem de longe, os únicos assuntos importantes sobre carreira nem formam uma lista final com tudo o que precisamos saber ou vamos enfrentar.

Quero apresentar, neste capítulo, alguns outros pontos de modo mais sucinto, mas que também são extremamente relevantes quando o assunto é o gerenciamento da nossa carreira. Quando falei deles nas minhas redes sociais, meus leitores disseram que parecia que tinham tomado um "tapa", uma "sacudida", o que, mais tarde, apelidei de "pescotapas do

NÃO FIQUE SE COMPARANDO COM OS DEMAIS; CADA UM TEM SEU TEMPO, SEU RITMO E SUA MANEIRA DE CHEGAR LÁ.

Luciano". São comportamentos, situações, decisões e conversas com os quais todos, eventualmente, vamos nos deparar. Estão em um terreno escorregadio, desconhecido, por muitas vezes, não sabemos o que fazer diante deles, e podem ser um belo trava-carreira para qualquer um. Compilei os dez mais populares para ajudar você a ter um norte e uma perspectiva mais ampla quando chegar sua vez de lidar com eles.

TRAVA-CARREIRA 1: MENTIR

Mentir, no mundo corporativo, é o caminho mais fácil para destruir sua reputação. Eu me lembro de um caso que aconteceu nos meus últimos anos trabalhando no Google. Um amigo querido que trabalhava em uma agência me mandou uma mensagem perguntando se eu conhecia um profissional que tinha trabalhado no Google entre 2004 e 2006; eles estavam com uma oferta pronta para enviar e queriam confirmar se o candidato realmente tinha passado por lá e qualquer outra informação relevante. Goste ou não – sei que o assunto é polêmico –, é prática comum, em muitas indústrias, validar a qualidade do trabalho de outros profissionais, e muitas dessas checagens podem acontecer informalmente.

Eu não me lembrava daquela pessoa. O estranho é que o escritório, naquela época, tinha apenas algumas dezenas de funcionários, e todo mundo se conhecia. Nunca tinha ouvido falar daquele nome na vida. Como eu aprendi a nunca confiar apenas na minha memória, enviei uma mensagem para uma colega das antigas perguntando se ela se lembrava daquele nome; ela negou e perguntou para outro colega nosso, e assim foi acontecendo até que alguém do escritório disse: "Mas não tem nada no perfil do LinkedIn dele dizendo que trabalhou aqui com a gente". Eu chamei a pessoa que disse isso até meu computador e mostrei para ela. A informação estava lá, então ela me pediu para atualizar a página e "puff". Desapareceu.

Provavelmente, ao ver que várias pessoas da empresa onde tinha "trabalhado" estavam entrando no seu perfil, ele removeu rapidamente do seu histórico o tempo em que supostamente esteve no Google. Era mentira. Esse tipo de comportamento é inaceitável, e ele acabou não recebendo a oferta. Na verdade, esse caso circulou entre algumas agências na época e colocou o nome do candidato na absoluta lama.

Reputação destruída

Se a mentira acontece quando já se está inserido no ambiente corporativo, pode ser ainda pior. Há alguns anos, trabalhei bem próximo de um gerente que tinha um desafio enorme no seu time: um profissional que mentia compulsivamente. No começo, era sobre pequenas coisas: desculpas por não ter respondido um e-mail, pelo atraso de um projeto ou pela falta de retorno a um cliente. Só que, conforme o tempo passou, o problema se agravou.

Ele começou a "matar" os familiares para justificar sua ausência. Chegou ao cúmulo de, um dia, entrar mancando na sala do gerente, dizendo que tinha sido atropelado por um carro ao ir de bicicleta para o trabalho. O gerente, preocupado com sua saúde, mandou que ele fosse embora e procurasse um médico para verificar se algo mais sério havia acontecido. Ao comentar o "trágico" caso do atropelamento com outro colega, o gestor escutou: "O fulano? É mentira! Eu o vi chegando e subi com ele no elevador. Estava normal e deu até uma corrida porque estava atrasado para uma ligação".

Na segunda-feira, após o acontecido, o gerente chamou o fulano, que ainda fingia mancar, para conversar e o confrontou. Disse que sabia que ele tinha mentido, que não havia acontecido nenhum atropelamento e queria entender por que ele agira daquele jeito. A reação? O fulano simplesmente respondeu um "okay" e saiu da sala. Entrou mancando e saiu andando normalmente.

Depois, descobrimos que ele inventou aquela história para adiantar uma viagem para a praia. Ele acabou deixando a empresa eventualmente, mas não antes de destruir por completo sua reputação. Consegue imaginar o que aconteceria se alguém pedisse uma referência dele ao gerente? Ou até mesmo a algum colega que trabalhou com ele? De novo: goste ou não, isso acontece.

Não minta no seu currículo, não minta em uma entrevista e não minta no ambiente de trabalho. **Mentira não apenas tem perna curta como tem carreira curta também.**

TRAVA-CARREIRA 2: BRIGAR COM A REALIDADE

Nas minhas conversas com inúmeros profissionais, vejo muitos caírem na mesma armadilha: estão infelizes, entediados, não conseguem algo da maneira que gostariam e se perguntam por que o mundo não faz as coisas do jeito que eles querem e acham que têm que ser. A resposta é curta e simples: **não é o mundo que tem que mudar, é você.**

Luiz era gerente de contas de um dos times que eu gerenciava e, um dia, solicitou falar comigo. Ele estava indignado com algumas mudanças que haviam sido implementadas e que alterariam um pouco o escopo de seu trabalho. Queria entender o que tinha acontecido e se havia a possibilidade de reverter a situação, pois achava que não teria motivação para continuar na função daquela maneira. Expliquei-lhe o motivo da mudança e fui honesto em dizer que era uma decisão final, não aberta à revisão.

Só que eu não parei ali; aproveitei para contar minha experiência em situações parecidas com a que ele estava enfrentando. Eu já passei por algumas boas reorganizações na minha vida corporativa e, por duas vezes, a mudança realizada me afetou de um modo que eu não queria ou, inicialmente, não aceitava.

O que eu fiz? Eu mudei – não o mundo nem a empresa. Eu. Quando percebi que o lugar em que eu estava não me servia mais, procurei algo diferente. Na primeira vez, fiz uma mudança interna e, na segunda, troquei de empresa.

Mudanças e reorganizações vão acontecer quando menos esperamos ou queremos. Nesses casos, é preciso analisar a situação e decidir se você deseja participar do novo jogo ou se deve procurar outro. A opção é ficar amaldiçoando as circunstâncias e reclamando de forças que, na maioria das vezes, não podemos controlar. Vejo isso como um desperdício enorme de tempo e energia.

Luiz levou meu conselho a sério, candidatou-se a outra vaga interna e passou no processo seletivo alguns meses depois. Ele entendeu que, se o lugar onde estamos não nos serve mais, é nossa responsabilidade encontrar outro.

Não brigue com a realidade, você sempre vai perder. Ache outra da qual fazer parte.

TRAVA-CARREIRA 3: NÃO SABER DAR E RECEBER FEEDBACK

Eu poderia escrever um livro inteiro sobre feedback e, com certeza, seria impossível cobrir todo o assunto. Saber receber e dar feedback é essencial para todo profissional, principalmente para aqueles em posição de liderança. Muita gente treme com o simples pensamento de ter que dar feedback para alguém ou range os dentes de raiva quando tem que receber um. É algo bem desafiador de se fazer, em especial no início, mas não dá para deixar de aprender.

Feedbacks são fundamentais em qualquer ambiente corporativo; eles nos fazem enxergar pontos cegos, mapear áreas em que precisamos melhorar e entender como os profissionais que estão ao nosso redor veem nosso trabalho. É puro

NÃO MINTA NO SEU CURRÍCULO, NÃO MINTA EM UMA ENTREVISTA E NÃO MINTA NO AMBIENTE DE TRABALHO.

crescimento. Por isso, temos que praticar bem essa habilidade e buscar maestria em dar e receber feedback.

Recebendo feedback

"Ela está completamente enganada, não concordo em nada com esse feedback. Eu nunca fiz isso."

Escutei essa frase quando um colega me falou do feedback que recebera de uma pessoa de outro time que compartilhava o gerenciamento de um projeto com ele. Há algo que aprendi cedo em minha carreira e em que acredito: não existe feedback errado. Feedback é a percepção que alguém tem de você e, se determinada percepção existe, sempre há algo que pode ser feito a respeito disso, mesmo que você não concorde com ela.

Quando receber um feedback, a primeira coisa a ser feita é agradecer imensamente à pessoa por ter tido a coragem de presentear você com isso. A maioria dos profissionais com os quais você cruzará em toda a sua carreira não fará isso. Claro que você pode pedir que lhe expliquem o feedback, que falem um pouco mais sobre os motivos dele etc., mas não reaja negativamente, não rebata e não faça cara feia. Se fizer isso, a probabilidade de receber outro feedback da mesma pessoa cairá bastante.

Voltando à minha história, depois de escutar o restante do desabafo, desafiei aquele meu colega: "Imagine, mesmo que discorde totalmente disso, que você pudesse fazer algo para melhorar o ponto que ela trouxe. O que você faria?". Um pouco desconfiado, ele refletiu e me disse duas ou três coisas que poderia fazer para melhorar o relacionamento e a comunicação entre eles.

Será que o feedback estava mesmo totalmente errado? Talvez sim, mas sempre podemos fazer algo para melhorar qualquer situação. Mudar ou adaptar algo após receber um feedback, mesmo que não concordemos com ele, é o nível mais avançado de aceitá-lo e é muito poderoso para nossa marca pessoal.

A verdade é que feedback, mesmo quando é ruim, é bom. O motivo? Quando alguém se dispõe a dá-lo, temos que agradecer para incentivar que mais venham. Não se joga um presente fora.

Dando feedback

Por que as pessoas têm tanto medo de dar feedback? São muitos os motivos: elas não se sentem aptas por não terem sido treinadas para isso, a cultura corporativa não incentiva a prática, não sabem como fazer nem por onde começar e não querem correr o risco de ofender alguém. Esse último, o medo de ofender, é o mais comum.

Esses receios fazem com que muitas pessoas nunca recebam um mísero feedback no ambiente de trabalho, sendo surpreendidas com fofocas a seu respeito, avaliações ruins e, em casos mais extremos, até demissões. Isso é muito injusto com profissionais que precisam de feedbacks – se uma pessoa não sabe em que precisa melhorar, não terá a oportunidade de se desenvolver.

Você precisará de certa dose de coragem para sair do lugar quentinho em que não se dá feedback e começar a praticar. Será desafiador no começo? Sim, mas é necessário. Alguém se ofenderá? Sim, mas é para o próprio bem dessa pessoa. Agora, a parte boa: há muita técnica e boas práticas que podem ser utilizadas para tornar o processo mais suave. Eu mapeei sete passos para dar feedback com eficiência que funcionam como um bom guia para quem deseja começar ou mesmo aprimorar a maneira de fazer isso. Vamos a eles.

7 PASSOS PARA DAR UM FEEDBACK PODEROSO

1. **Escolha um local adequado.** Sempre que vamos dar um feedback para alguém, devemos fazer isso em um local isolado onde só estarão as partes envolvidas. Parece besteira, mas, além de ser desconfortável ter essa conversa com mais pessoas ao redor, cada um reage de um modo diferente. Uma vez, quando eu era coordenador júnior, fui dar um feedback bem suave para um profissional e, por falta de sala, resolvi fazer no café da empresa. Quando ainda estava na metade, a pessoa começou a chorar. Logo, várias pessoas vieram ao nosso encontro para perguntar o que estava acontecendo. Imagine a cena. Aprendi a lição.

2. **Pergunte como a pessoa acha que está o desempenho dela no ponto que será tema do feedback.** Seja um projeto, seja um comportamento ou o desempenho da pessoa no ciclo, comece perguntando como ela acha que está se saindo. Perguntas do tipo "como vai o andamento do projeto X" ou "qual é sua avaliação do seu semestre" são boas maneiras de entender como o profissional se enxerga. Escute atentamente; as informações que aparecerem aqui podem ajudar imensamente nos itens 3 e 4.

3. **Comece com os pontos positivos.** Eu gosto de começar destacando os pontos positivos e fortes da pessoa. Todos nós, sem exceção, temos pontos a melhorar e pontos em que mandamos muito bem. Começar logo com as áreas de melhoria pode ser um pouco desmotivador para alguns profissionais. Começar pelo que está funcionando é uma ótima oportunidade de reconhecer

o que é positivo na pessoa para depois entrar nos ajustes que precisam ser feitos.

4. **Dê o feedback e exemplos.** Agora é hora de entrar no que precisa ser trabalhado. Sempre aconselho as pessoas a evitar rodeios e ir direto ao ponto. Tem que trabalhar o comportamento? Diga: "Há uma questão de comportamento que precisa ser trabalhada". O projeto está atrasado? Diga: "O projeto está atrasado". Direto ao ponto. Agora, a grande dica: SEMPRE exemplifique seus feedbacks. Usando os mesmos exemplos acima, em relação ao comportamento: "Você não tem contribuído muito nas reuniões. Nas últimas três das quais participou, não comentou nenhum dos pontos discutidos" ou, em relação ao atraso no projeto: "Concordamos que o projeto seria entregue na data tal; já se passaram X dias e ele ainda não está pronto". Feedback sem exemplo é igual a pastel de vento: não tem conteúdo nenhum.

5. **Escute.** Depois que o feedback for entregue, é hora de escutar. Pergunte se a pessoa entendeu o que você quis passar e se tem alguma dúvida sobre o que conversaram. Sinta o momento; algumas pessoas preferem digerir tudo o que foi dito e outras, já entrar nos pontos para entender mais. Não tem certo e errado.

6. **Não terceirize.** Uma das piores coisas que se pode fazer em uma sessão de feedback é usar terceiros para validar seus pontos. "O fulano disse que você é agressivo", "o sicrano acha que você não está colaborando", "o diretor acha que você..." e por aí vai. Isso desqualifica o feedback e joga a responsabilidade no terceiro. Seja dono da conversa e responsável por ela.

7. **Coloque-se à disposição para um papo adicional.** Acabada a sessão, coloque-se à disposição para ter uma conversa adicional sobre o que acabaram de discutir. Como eu já falei, algumas pessoas precisam de tempo para digerir o que foi conversado, para então estarem prontas para uma conversa adicional, e outras vão querer ir mais a fundo depois de alguma reflexão. Acomode essas necessidades.

TRAVA-CARREIRA 4: FECHAR PORTAS

Todos nós vamos trocar de emprego um dia; a maioria trocará várias vezes durante a carreira. Quando isso acontecer, deixe a porta aberta. Bem aberta.

Não avacalhe, não deixe coisas por fazer, não deixe ninguém na mão e seja tão profissional nos seus últimos dias de trabalho quanto foi no primeiro. Na verdade, coloque até uma energia adicional para garantir que tudo continuará da melhor maneira possível quando você for embora.

Se decidir fechar a porta, saiba que não fechará apenas uma. Vai fechar com a empresa, com seu líder e com todas as pessoas que estão ao redor, que escutarão o som bem alto da porta batendo. Pode ser que uma dessas pessoas, na empresa atual ou em alguma outra, seja a que atenderá o telefone quando alguém perguntar: "Você pode me passar referências do fulano?".

"Ah, mas não é justo 'queimar' um ex-funcionário", muitos dirão. Bem, a vida não é justa, e sou realista e observador o suficiente para afirmar que essa situação pode e vai acontecer. Empresas são compostas de pessoas e, assim como na vida pessoal, elas contam as histórias que observam – quer você concorde com essa atitude, quer não. Acabamos de falar sobre como não devemos brigar com a realidade, não foi?

Por isso, tenha muita consciência das regras do jogo e de como cada uma das partes funciona. A mudança de emprego não é o fim de um jogo, é apenas a continuação do mesmo em uma fase diferente.

TRAVA-CARREIRA 5: IMPORTAR O RANÇO DOS OUTROS

Um profissional com o qual trabalhei queria mudar de função e estava com dificuldades para isso. Ele abriu nosso papo dizendo que tinha um chefe ruim que não o ajudava a se

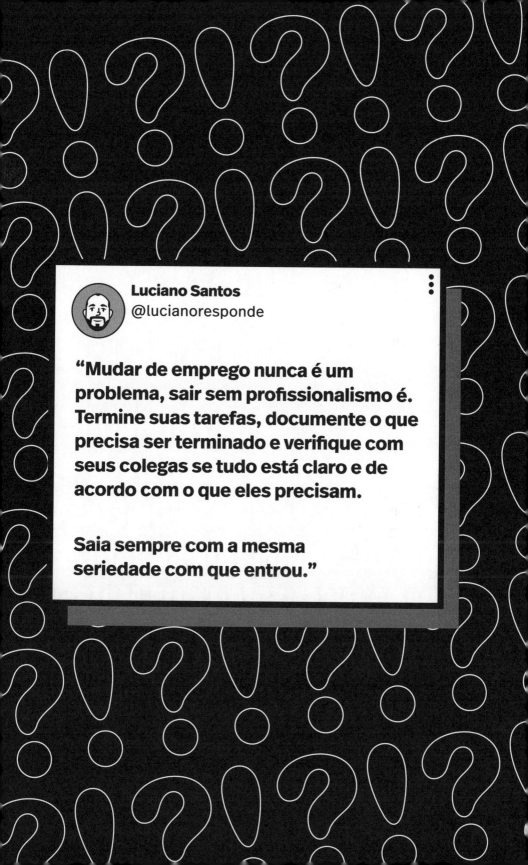

FEEDBACK, MESMO QUANDO É RUIM, É BOM. O MOTIVO? QUANDO ALGUÉM SE DISPÕE A DÁ-LO, TEMOS QUE AGRADECER PARA INCENTIVAR QUE MAIS VENHAM. NÃO SE JOGA UM PRESENTE FORA.

transferir de área. Durante nossa conversa, perguntei sobre a estratégia que estava usando para conseguir outra vaga, e ele me disse que a única vez que tentou foi quando seu líder lhe encaminhou uma oportunidade e sugeriu a ele que se candidatasse, pois via nele o que era preciso para a posição.

Indo mais a fundo no dia a dia dele, me contou que seu líder lhe dava muito espaço para trabalhar e autonomia de modo geral. Quando chegamos a esse ponto, fiquei curioso e o questionei: "Seu líder já o incentivou a se recolocar internamente, lhe dá autonomia e, pelo que entendi, parece ser aberto. Por que você acha que ele é ruim?".

Ele pensou por alguns instantes e respondeu que nunca tinha refletido sobre isso e que quase todos do time em que ele estava achavam o tal gerente ruim. Já falamos, em um capítulo anterior, que nenhum chefe é totalmente ruim e nenhum líder é totalmente bom; entre um e outro há um espectro gigante de possibilidades. É preciso aprender quais são as forças e fraquezas do nosso líder. Entretanto, o que acontecia nesse caso é o que eu chamo de "**importar o ranço dos outros**".

Não faz muito sentido julgarmos as pessoas ao nosso redor baseados na opinião dos outros. Falaram que seu chefe é ruim? Será que é mesmo? O colega do lado tem bafo? Já sentiu? Sinta antes de sair por aí dizendo que ele tem.

Esse tipo de atitude pode, como nesse caso que acabei de relatar, entortar um relacionamento que parece bem saudável e fazer com que nos relacionemos pouco com bons profissionais. A seguir, listei alguns pontos para você pensar sempre que tiver uma opinião negativa sobre alguém do seu trabalho, seja seu gestor ou não:

1. Tive tempo para avaliar quem a pessoa realmente é?
2. O julgamento que estou fazendo sobre ela é meu ou é emprestado (fofocas, conversa de corredor etc.) de outras pessoas?

3. Será que a atitude dela é realmente ruim ou apenas diferente do que estou acostumado?
4. Ela já fez algo negativo contra mim?
5. O que eu posso aprender com essa pessoa?

Cinco pontos simples que podem fazer com que você mude totalmente a perspectiva sobre alguém no trabalho e, principalmente, com que não importe o ranço que não lhe pertence. Já vamos ter muitos nossos e não deveríamos pegar mais ainda emprestado, certo?

TRAVA-CARREIRA 6: TRAIR A CONFIANÇA

Recebi a seguinte pergunta de um leitor: "Luciano, contei para um colega que seria promovido e disse que era segredo até o anúncio geral. Ele acabou contando para outras pessoas, e isso chegou aos ouvidos da minha gerente, que ficou bem decepcionada. É a segunda vez que esse colega pisa na bola comigo. Fui muito inocente?".

Há uma parábola, de autoria desconhecida, que eu adoro e é ótima para responder a essa questão.

Certo dia, um escorpião se aproximou de um sapo que estava à beira do rio para pedir um favor: "Sapo, será que você poderia me carregar até a outra margem do rio?".

O sapo, receoso, respondeu: "Claro que não. Se eu fizer isso, você vai me picar, vou ficar paralisado e morrer afogado".

O escorpião, com sua lógica, respondeu: "Não seja ridículo! Se eu o picar, nós dois vamos afundar e morrer. Eu não sei nadar!".

Confiando nas palavras do escorpião, o sapo pediu a ele que subisse em suas costas e começou a travessia. No meio do caminho, o escorpião lhe desferiu uma ferroada mortal. Com muita dor e já afundando, o sapo perguntou: "Escorpião, por que fez isso? Agora vamos morrer".

O escorpião respondeu: "Não consigo evitar, essa é minha natureza".

Pare de dar carona para o escorpião. É da natureza das pessoas fofocarem e quererem ser as primeiras a contar "aquela novidade" para os demais. Isso acontece na vida e acontece no trabalho. Se algo lhe foi confiado com o pedido de segredo, ainda mais algo tão positivo para você, não compartilhe com outras pessoas. Você vai acabar picado e, pior, com a confiança abalada com sua gerente, seus colegas ou qualquer um que lhe tenha confiado algo.

TRAVA-CARREIRA 7: NÃO CONSIDERAR OUTRAS PERSPECTIVAS

Decidi contratar uma gerente incrível mesmo sabendo que ela poderia, em um prazo de menos de seis meses, aceitar uma oferta para trabalhar fora do país.

Eu já estava com a vaga aberta havia meses, o que gerou ansiedade e falta de liderança para a equipe em questão, e nenhum outro candidato se comparava a ela. Depois de alguns meses da contratação, o pior aconteceu: ela passou (nenhuma surpresa) para a vaga no exterior, e eu ficaria, mais uma vez, sem gerente para aquele time. Depois do meu "luto", conversamos sobre como comunicaríamos essa mudança ao time. Ela sugeriu sermos rápidos e transparentes, mas eu achava que deveríamos aguardar um pouco mais.

Dias depois, ela voltou ao assunto, mas eu ainda não estava convencido. Minha experiência – e pressentimento – dizia que a melhor coisa era adiar a comunicação o máximo possível para evitar distrações em um trimestre que estava bem puxado.

A gerente, insistente – característica que eu adorava nela –, levantou novamente a questão em nossa reunião de liderança, e, então, perguntei aos outros líderes a opinião deles e compartilhei a minha. A maioria concordou com ela e, um pouco contrariado, dei luz verde para seguirmos com a comunicação.

Para minha surpresa, duas pessoas do time, em situações diferentes e sem combinar, me procuraram para agradecer a transparência e confiança. E eu, que não gosto de levar crédito por coisas que não são minhas, agradeci, mas fiz questão de dizer que foi uma decisão da líder delas.

Aprendi muito com essa história. Apesar de já ter vivido contratação e troca de dezenas de gerentes, isso não quer dizer que eu vou sempre tomar as melhores decisões. Ter um time forte ao meu redor, alimentando-me com novas perspectivas, é uma estratégia eficiente para melhorar minha tomada de decisão.

Essa situação me relembrou do quanto é incrível fazer parte de uma cultura em que todos se sintam confortáveis para compartilhar suas ideias mesmo quando estão discordando de seu líder. Entretanto, não adianta estar em uma cultura aberta se você, como eu fiz na história acima, acha que sabe tudo e tem todas as respostas. Não temos.

> "Ah, Luciano, mas eu estou aberto a outras perspectivas." Será?

Esse caso mostrou bem como é importante termos por perto pessoas que discordam de nós e nos ajudam a refinar nossas próprias ideias, perspectivas e tomadas de decisão. Agora vem a parte interessante: muitos caem em uma armadilha em situações assim.

Eu fazia parte de um programa que dava mentorias internas para novos gerentes. Um deles, que estava alocado

> É PRECISO APRENDER QUAIS SÃO AS FORÇAS E FRAQUEZAS DO NOSSO LÍDER.

comigo, teve conflitos com seu líder direto por causa da direção de um projeto. Já era a terceira vez que ele me trazia aquele desconforto.

Durante nossa conversa, contou que já tinha discutido o caso com dois colegas de trabalho e que ambos concordavam com sua posição. Como ele, voluntariamente, abriu o nome das pessoas, percebi, com certa facilidade, que aqueles colegas que consultou, além de próximos dele no próprio trabalho, eram também amigos fora de lá.

Eu o desafiei nesse ponto e sugeri que pedisse a opinião de outras pessoas que estavam no projeto além dos seus colegas próximos. Ele concordou, colocou em prática e isso mudou sua perspectiva sobre o conflito com o gerente. Ele passou a ver a coisa toda por um ângulo que não conseguia imaginar antes.

É aí que está a armadilha: pedir opiniões, feedback e novas perspectivas apenas para as pessoas que concordam com você. Temos uma grande tendência a sempre pedir conselhos para pessoas próximas, com as quais nos relacionamos bem e que, portanto, têm visões parecidas com as nossas.

Se você realmente quer se desafiar e ter um espectro maior de perspectivas, mude os personagens ou amplie o grupo que você costuma procurar para pedir esse tipo de ajuda. Ter as pessoas sempre validando as nossas ideias é bom para massagear o ego, mas ineficiente para melhorar o que quer que seja que estejamos tentando alcançar.

Não estarmos abertos a novas perspectivas, acharmos que sabemos tudo, que temos todas as respostas, apenas consultar pessoas com opiniões semelhantes às nossas nos coloca em um ponto cego e pode passar a impressão de que somos teimosos, parciais e inflexíveis. É essa imagem que quer para seu eu profissional? Tenho certeza de que não.

TRAVA-CARREIRA 8: COMPARAR-SE

"Luciano, quero agradecer a você. Quando lia aqueles posts milagrosos sobre como ter sucesso, eu me sentia incompetente, incapaz, achando que jamais chegaria a algum lugar se não abrisse mão de tudo. Gerava um conflito enorme em mim, já que minha família e meus amigos são valores muito fortes. Ao mesmo tempo que eu admirava as pessoas que faziam aqueles posts, não conseguia acreditar naquilo como uma verdade, me questionava como uma pessoa poderia ser feliz na plenitude trabalhando além da medida. Isso tudo gerava um sentimento de derrota em mim."

Recebi essa mensagem de uma jovem profissional que vivia angustiada por ver tanta gente aplicando algumas técnicas de produtividade que ela, mesmo se esforçando, não conseguia colocar em prática. É por causa de depoimentos assim que sempre critico essas "técnicas" e esses pensamentos de alto desempenho que são vendidos em todos os lugares como se fossem o único caminho para o sucesso. São tantas as frases de efeito que escutamos repetidas vezes, por exemplo:

> **"Acorde 5 da manhã para ter vantagem sobre os outros!"**
> **"Odeie os fins de semana!"**
> **"Cancele a Netflix e economize tempo!"**
> **"Trabalhe também nos feriados!"**
> **"Venda o videogame e o celular para estudar!"**
> **"Treine enquanto os outros dormem!"**

Veja bem, eu não tenho nada contra quem acorda às 5 da manhã para ser produtivo, quem não gosta dos fins de semana porque não está trabalhando, quem cancela a Netflix e os pequenos lazeres para não perder tempo, quem acha que feriado deveria ser um dia produtivo e que ter videogame ou algum celular bom é prova de que não se sabe investir nos estudos. Cada um sabe o que funciona para si e o que deve fazer com a própria vida. O que pode ser absurdo para alguns realmente é a fórmula mágica para outros.

Eu, no entanto, não acordo às 5, nunca sacrifiquei meu sono para "treinar" e tenho minha assinatura da Netflix – uma distração merecida. Não só eu sou assim, mas a maioria das pessoas com uma carreira incrível e que tive o privilégio de conhecer. Temos que entender que o que funciona para alguns não necessariamente funciona para os outros.

Isso vale também para promoções, para conseguir entrar em uma empresa X, para o tempo que se leva para se formar e tantas outras coisas. Não fique se comparando com os demais; cada um tem seu tempo, seu ritmo e sua maneira de chegar lá. Claro que podemos aprender com outras pessoas, temos que nos esforçar, dar duro e ter foco para conquistar o que queremos, mas não ao custo da nossa saúde, da nossa sanidade e de fazer algo apenas porque alguém também fez.

Sucesso equilibrado – é isso que importa.

TRAVA-CARREIRA 9: MEDO DE JULGAMENTO

"Fui criticado por fazer faculdade de Letras.
Fui criticado quando, com muito pouca grana, investi em aprender inglês.
Fui criticado quando disse que queria ser escritor.
Fui criticado quando fui trabalhar com internet em 1998.
Fui criticado por trocar um emprego certo por um desafio incerto.

Fui criticado por escrever o que penso e me expor.

Fui criticado por desafiar e desconstruir muitos mitos sobre carreira.

Fui criticado por muitas coisas que fiz na minha vida, não pelas que não fiz.

Hoje, executivo, mentor de carreiras, escritor com muitos leitores, cheio de opinião e mais engajado do que nunca, entendi.

A crítica, para os outros, é a nossa coragem que eles não tiveram.

Seja o mais crítico que puder."

Publiquei esse pensamento nas minhas redes quando tive uma conversa com um leitor que estava quase desistindo de mudar de emprego porque alguns familiares diziam que ele estava trocando o certo pelo duvidoso. Não importa o caminho que sigamos, o que quer que façamos e as decisões que tomemos, sempre terá alguém para nos julgar por isso, para nos criticar.

Muitos não fazem isso por mal; pode ser seu pai com a real preocupação de que você fique desempregado, pode ser um amigo com valores diferentes dos seus e outras pessoas que usarão as próprias visões de mundo para dizer o que você deve ou não fazer.

Se for trocar de emprego, dirão que é arriscado. Se for começar um negócio, falarão das dificuldades de empreender. Se for desistir de um curso de que não gosta, vão lhe jogar na cara o tempo já investido. Há um pensamento atribuído a Buda[12] que eu adoro e ilustra bem o que quero dizer:

---

12 Disponível em: https://www.realbuddhaquotes.com/they-blame-those-who-remain-silent-they-blame-those-speak-much-they-blame-those-who-speak-in-moderation-there-is-none-in-the-world-who-is-not-blamed/. Acesso em: 27 set. 2021.

> **Eles culpam quem cala,
> culpam quem fala muito,
> culpam quem fala com moderação.
> Não há ninguém no mundo que não seja culpado.**

Novamente: não importa o que vamos fazer ou a decisão que vamos tomar, seremos julgados. E, já que seremos "culpados" de qualquer maneira, que nos julguem por falar o que acreditamos, fazer o que amamos e levar a vida que queremos. Nem mais nem menos.

Não me entenda mal; escutar as pessoas e seus conselhos é algo positivo e devemos nos rodear das que podem nos dar alguns de qualidade no decorrer da nossa carreira. Apesar disso, conselhos não são verdades absolutas, precisamos passá-los no nosso filtro interno e decidir o que é melhor para nossa vida. No fundo, apenas nós mesmos sabemos o que é melhor para nós. Ninguém mais.

TRAVA-CARREIRA 10: NÃO TOMAR DECISÕES

Trabalhei em um caso bem interessante de uma profissional do mundo acadêmico. Depois de investir anos fazendo a graduação e iniciar o mestrado em uma área específica, ela percebeu que estava no caminho errado. Os estágios e o pouco tempo em que trabalhou no segmento foram suficientes para ela concluir que ali não era o lugar em que queria construir e viver sua carreira. Durante nosso bate-papo, ela mostrou ainda mais desconforto em relação ao fato de estar no meio de um mestrado dessa mesma área.

Ela pensou em desistir, mas, toda vez que comentava isso com algum familiar ou amigo, a resposta era a mesma: "Ah, mas você vai perder todo o tempo que já investiu no mestrado? (Perceba o julgamento aqui.) É melhor terminar".

Será que é mesmo? Já comentei que meu papel como mentor não é dizer o que as pessoas têm ou não que fazer, mas ajudá-las a expandir suas perspectivas e considerar outros ângulos de uma determinada questão. Minha resposta para o depoimento dela foi a seguinte: "Você perdeu um ano. Prefere perder dois ao continuar fazendo algo de que não gosta?".

Ela ficou um pouco mexida com meu comentário e contou que já havia pensado em desistir muitas vezes, mas tinha medo de tomar uma decisão errada, medo de decepcionar as pessoas ao redor, medo da reação dos pais.

Na vida, teremos que tomar muitas decisões difíceis (saudades de ser criança, né, minha filha?), não tem jeito. Esse destino é inevitável, então temos que aprender a lidar com ele da melhor maneira possível. Assim, resolvi compartilhar com ela meu processo para tomar decisões difíceis, que ajuda a ter um olhar mais amplo sobre essa ação.

Liste os prós e contras em uma folha de papel

Gosto de fazer esse exercício simples, mas muito poderoso para ampliar nosso olhar sobre um tema e suas repercussões. Ele funciona em todos os casos, mas, principalmente, quando a resposta é binária.

Em uma folha de papel, escrevo a questão no topo da página, traço uma linha no meio para formar duas colunas e coloco "Prós" de um lado e "Contras" do outro. Reflito, então, sobre o assunto e preencho o papel com tudo o que me vem à cabeça, o que as pessoas me falaram, o que pesquisei e qualquer outro pensamento que ajude a obter os cenários possíveis. Depois, coloco esse papel em uma gaveta (real ou virtual) e releio a lista um ou dois dias depois para complementá-la.

Converse com um amigo
(mas não o deixe decidir por você)

Nossa postura para questões que nos afetam pode ser muito enviesada no sentido do que queremos, do que sabemos e da nossa história de vida. Ter a opinião de um "terceiro" pode nos fazer considerar cenários ou situações que não conseguiríamos sozinhos. O simples fato de narrar o que nos incomoda já é, em si, poderoso e nos traz novas ideias e perspectivas, ainda mais com alguém em quem confiamos comentando e compartilhando o que acha e o que faria.

Contudo, cuidado: a decisão sobre nossa vida é nossa, de mais ninguém. Nunca a terceirize. Pegue tudo que foi conversado, jogue na folha de papel do exercício anterior, no seu filtro pessoal e use apenas aquilo que considerar útil.

Tenha um mentor

Nós já destrinchamos bem esse tema no capítulo anterior. Ter um mentor é absolutamente poderoso quando estamos em uma encruzilhada e precisamos de uma luz para nos ajudar a tomar uma decisão difícil ou importante. Volte uma casinha e releia o capítulo anterior se for preciso.

NÃO IMPORTA O QUE VAMOS FAZER OU A DECISÃO QUE VAMOS TOMAR, SEREMOS JULGADOS. E, JÁ QUE SEREMOS "CULPADOS" DE QUALQUER MANEIRA, QUE NOS JULGUEM POR FALAR O QUE ACREDITAMOS, FAZER O QUE AMAMOS E LEVAR A VIDA QUE QUEREMOS. NEM MAIS NEM MENOS.

CAPÍTULO 11
CORAGEM

Logo no começo da nossa conversa, eu contei como, quase por acidente, acabei indo parar no mundo da tecnologia, do qual faço parte até hoje. Tenho uma carreira incrível e muito orgulho dela, mas, mesmo em um mar de coisas boas e fartura, antes havia uma frustração. Eu escolhi cursar Letras como minha primeira formação porque sonhava em trabalhar com as palavras e ser escritor. Com a vida me levando para um caminho bem diferente, eu ainda me apeguei a esse sonho por algum tempo. Quando estava nos meus últimos anos trabalhando no UOL como webmaster, criei um site chamado Texto Livre, que era um oásis para novos escritores publicarem seus textos em um ambiente só deles. O site chegou a ter milhares de escritores e centenas de milhares de textos publicados, mas, com o trabalho principal consumindo cada vez mais energia e um processo legal que

VOCÊ NÃO TEM – NEM DEVE – FICAR EM UM EMPREGO QUE O FAZ INFELIZ, QUE VAI CONTRA SEUS SONHOS E QUE NÃO O DEIXA EVOLUIR PARA SER O PROFISSIONAL QUE GOSTARIA DE SER.

sofri por um usuário ter publicado conteúdo ofensivo, decidi enterrar de vez meu sonho e me dedicar exclusivamente à carreira executiva.

Só que a vida pode ser mais surpreendente do que imaginamos. Assim como fui puxado para uma carreira executiva de maneira orgânica, agora, mais de vinte anos depois do início do meu sonho, nunca imaginei que alcançaria centenas de milhares de leitores nas minhas redes sociais, muitos dos quais esperam ansiosamente pelos meus textos e pensamentos todos os dias. Estou novamente sendo puxado para uma direção inesperada, só que, dessa vez, para uma que converge com meu antigo sonho de ser escritor. Este livro que você está lendo agora é o ápice e, ao mesmo tempo, o começo da realização de um sonho antigo.

Quis compartilhar minha história para mostrar o quanto a nossa carreira pode ser flexível. Eu acredito firmemente que é possível dar uma guinada em nossa trajetória, que é possível ir atrás de um sonho antigo, que é possível criar novos caminhos e, principalmente, abandonar um que não nos serve mais. Repito: você não precisa – nem deve – ficar em um emprego que o faz infeliz, que vai contra seus sonhos e que não o deixa evoluir para ser o profissional que gostaria de ser. Talvez você tenha que pagar esse pedágio por algum tempo, mas tenha intenção e um plano para sair dessa situação – mesmo que seja um plano simples, com apenas os primeiros passos – e batalhe para torná-lo realidade.

Quando olho em retrospectiva e questiono o que fiz para ter sido abençoado com uma carreira tão incrível e, agora, aos 44 anos, continuar crescendo e me desenvolvendo profissionalmente, uma palavra me vem à cabeça: **coragem**.

"PARA CADA GOTA DE MEDO, UM OCEANO DE CORAGEM." – AUTOR DESCONHECIDO

Escutei essa frase em uma palestra tempos atrás, e ela me deixou muito pensativo. As pessoas sempre me perguntam como construí minha carreira, e sempre achei muito difícil resumi-la de maneira objetiva, sem longas explicações. Depois que escutei essa frase, bingo! Eu tive muita, mas muita coragem de fazer quase tudo o que proponho neste livro.

Eu tive coragem de não aceitar que o local de onde vim e onde cresci determinasse minhas opções.

Eu tive coragem de investir a maior parte do pouco que ganhava no começo da carreira na minha educação.

Eu tive coragem – e muita humildade – de aprender com as pessoas que vieram antes de mim.

Eu tive coragem de não deixar os outros decidirem o que eu deveria fazer e para onde deveria ir, mesmo quando falavam com a melhor das intenções.

Eu tive coragem de mudar e de não ficar em lugares que não me faziam aprender e crescer, mesmo com medo do incerto e da falta de dinheiro.

Eu tive coragem de declarar minhas intenções para todos que estavam à minha volta o tempo todo e até hoje.

Eu tive coragem de **ser egoísta com minha carreira**, mesmo o mundo me falando que era errado fazer isso.

E eu tive coragem, mas muita coragem, de ir para um mundo que parecia não ter sido feito para mim.

E fiz desse mundo minha casa.

Eu tive muitas gotas de medo, uma para cada passo que dei. Contudo, assim como diz a frase citada aqui, consegui achar, dentro de mim, um oceano de coragem, e ele se tornou minha maior fortaleza. Essa coragem não é só minha, ela mora dentro de todos nós.

FAÇA DO FRIO NA BARRIGA SEU COMBUSTÍVEL

Eu sei, muitas das coisas sobre as quais conversamos neste livro são difíceis de fazer; elas dão medo, ansiedade, geram dúvidas, e é duro demais dar o primeiro passo. E se eu for naquela entrevista com o concorrente e a empresa em que eu trabalho descobrir? E se eu trocar de emprego e não der certo? E se meu gestor não gostar quando eu perguntar da minha promoção? São tantos "e se…". Quando pensamos em mover a perna para dar aquele primeiro passinho, o frio na barriga parece querer nos segurar e nos impedir de seguir adiante.

Vou deixar, agora, o último "pescotapa" do livro; esse, de leve: **faça desse frio na barriga seu combustível.** Todos os profissionais precisarão aprender a lidar com a maioria dessas questões. Eu tive que lidar, seu líder teve que lidar e aquele colega que você admira também. Se eu consegui, se eles conseguiram, por que você não vai? Claro que vai. Certa vez, um leitor, prestes a dar um passo importante em sua carreira, me escreveu:

> **Leitor: Luciano, estou com medo de mudar.**
> **Eu: Vai com medo mesmo.**
> **Leitor: Mas e se der tudo errado?**
> **Eu: Aí você muda de novo, ué.**

Mudar dói, e tenho total empatia com relação a isso, mas é necessário. Eu sei que fazer algo novo, muitas vezes, é desconfortável. Minha filha começou a andar e a falar de uma vez só. Ela caía o tempo todo. Chorava e ficava com pequenos hematomas nas pernas, resultado de um eterno cai e levanta. Toda vez que ela caía, eu falava: "Caiu? Levante, filha". Falei isso tantas vezes para ela que, quando já estava quase andando de modo

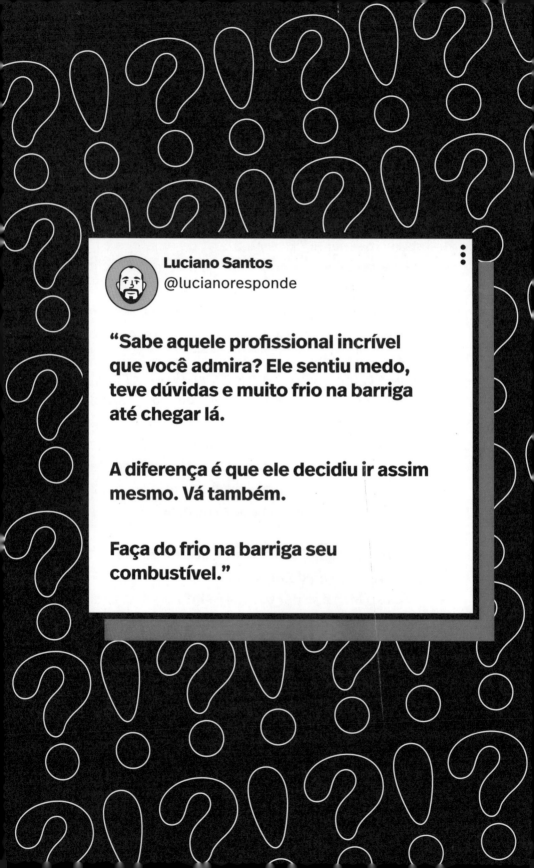

independente, caía, já olhava para mim, com um sorrisão no rosto, e dizia: "Caiu, levanta, né, papai?". É, sim, filha.

Muitos dos hábitos e comportamentos propostos neste livro são como aprender a andar pela primeira vez. Difícil no começo, emocionante no meio e natural no fim. O foco em você, na sua vida e na sua carreira será difícil no começo, emocionante no caminho e natural no fim. Tão natural e automático que você não vai nem perceber.

Assuma o controle, seja egoísta com sua carreira. Está nas suas mãos o poder de revolucionar sua relação com o trabalho e ser feliz.

Este livro foi impresso pela gráfica Bartira em
papel lux cream 70 g/m² em dezembro de 2024.